Karl Hegel

Über den historischen Werth der älteren Dante-Commentare

Karl Hegel

Über den historischen Werth der älteren Dante-Commentare

ISBN/EAN: 9783743450721

Hergestellt in Europa, USA, Kanada, Australien, Japan

Cover: Foto ©Thomas Meinert / pixelio.de

Manufactured and distributed by brebook publishing software (www.brebook.com)

Karl Hegel

Über den historischen Werth der älteren Dante-Commentare

ÜBER
DEN HISTORISCHEN WERTH
DER ÄLTEREN
DANTE-COMMENTARE.

MIT
EINEM ANHANG ZUR DINO-FRAGE

VON

C. HEGEL.

LEIPZIG
VERLAG VON S. HIRZEL
1878.

MEINEM FREUNDE

FRANZ X. WEGELE

ALS GEGENGABE

GEWIDMET.

Die Dante-Commentare des Mittelalters behalten trotz der fortgeschrittenen Danteforschung unserer Tage immer noch ihren vorzüglichen Werth als Hülfsmittel für die Erklärung der Divina Commedia: schon desshalb weil sie, je näher ihre Verfasser der Zeit des Dichters standen, die unmittelbare Kenntniss der Sprache und der Dinge vor den späteren voraus haben; aber auch für sich selbst dürfen sie, mehr oder weniger, als bedeutende literarische Erzeugnisse gelten, insofern in ihnen, gleichwie Dante's Gedicht selbst das gesammte Wissen von Gott, Natur und Welt umfasst, zu verschiedenen Zeiten der jedesmalige Stand der wissenschaftlichen Erkenntniss auf der gemeinsamen Grundlage überlieferter Bildung sich abspiegelt. Was insbesondere die historische Erklärung der göttlichen Komödie betrifft, so schöpften die Commentatoren des 14. Jahrhunderts, von welchen die ersten selbst noch Zeitgenossen des Dichters waren, theils aus derselben ihnen wie ihm geläufigen Tradition, theils aus zeitgenössischen mündlichen oder schriftlichen Berichten über Ereignisse und Personen; sie dienten daher den späteren wieder als historische Quelle, wozu dann noch andere, ältere oder neuere, Autoren hinzugezogen wurden. Wenn wir nun diesen verschiedenartigen Quellen der Dante-Commentare nachgehen, können wir mit Sicherheit feststellen, nicht bloss welche derselben bereits vorhanden waren, sondern auch in welcher Gestalt und Beschaffenheit sie den Commentatoren bekannt waren, und wir gewinnen hiermit eine nicht unwichtige Handhabe für die Kritik der italienischen Geschichtschreibung überhaupt.

Es ist meine Absicht in dieser Schrift die älteren Dante-Commentare besonders in letzterer Beziehung zu untersuchen, daneben aber auch ihre übrige Beschaffenheit, ihren allgemeinen

Charakter und Werth zu beurtheilen und nicht minder ihr Verhältniss unter einander, in Benutzung der früheren durch die späteren, darzulegen: doch muss ich mich hierbei auf diejenigen beschränken, welche bereits durch den Druck veröffentlicht und allgemein erreichbar sind, aber auch anerkanntermassen unter den vielen, welche überhaupt bekannt und zumeist in der Dante-Bibliographie von Colomb de Batines (Prato 1845 T. I u. II) beschrieben sind, als die besseren und besten gelten.

Ich beginne die Reihe nach chronologischer, durch die Abfassungszeit bestimmter Folge mit:

1. **Chiose anonime alla prima Cantica della divina Commedia, pubbl. de Francesco Selmi. Torino 1865.**

Mit Recht hat der Herausgeber dieser nur auf die Gesänge des Inferno sich erstreckenden Glossen aus verschiedenen Andeutungen geschlossen, dass sie wahrscheinlich noch bei Lebzeiten des Dichters, jedenfalls nur wenig später verfasst sind. Von den Parteien der weissen und schwarzen Guelfen zu Florenz, welche sich in den Jahren vor und nach 1300 bekämpften, ist als wie noch von gegenwärtig lebenden die Rede, und von den Schwarzen wird bemerkt, dass sie zur Zeit am Regimente seien (e anche vi sono p. 40), was schwerlich noch nach 1320, als jene Parteinamen schon so gut wie verloschen waren, wäre gesagt worden (vgl. Th. Paur's Abhandlung über die Chiose anonime im Dante-Jahrbuch I S. 338 f.). Wir haben daher wohl in diesen Glossen die früheste Ueberlieferung von der Auslegung des Gedichts zu erkennen, und es lässt sich zeigen, wie manches daraus auf die späteren Commentatoren übergegangen ist: ich meine nicht beispielsweise die so nahe liegende und allgemein angenommene Deutung der drei allegorischen Thiere im 1. Gesang als lussuria, superbia und avarizia, wohl aber andere mehr singuläre Auffassungen, wie z. B. die Beziehung der drei himmlischen Frauen im 2. auf Beatrice, Lucia und Rachele, welche sich ebenso im Commentar des Lana wiederfindet; die ungeschickte Erklärung von den zwei einzigen Gerechten in Florenz (Inf. VI, 73) im abstracten Sinne als ragione e giustizia; die wunderliche Erzählung, wie Attila auf seinem Eroberungszug durch Italien sich in die belagerte Stadt Rimini einschlich und beim Schachspiel erschlagen wurde (p. 72), nebst anderem, was in gleicher Weise bei Lana wiederbegegnet, also wenn auch nicht sicher auf Benutzung dieser Glossen, doch auf gemeinsamen Ursprung hinweist.

Wir erkennen in dem Autor einen Mann von allgemeiner Bildung, wie sie wohl die Durchschnittsbildung der höheren Klassen in jener Zeit war, nicht aber einen eigentlichen Gelehrten. Er beweist Kenntniss der alten Literatur, Mythologie und Geschichte, aber ohne wissenschaftliches Studium, und hat nichts von theologischer Scholastik und Philosophie. Seine allgemeine Auffassung von dem Grundgedanken des Gedichts bewegt sich auf der Oberfläche der moralischen Begriffe von Tugend und Laster. Virgil, der dem Dichter im dunklen Walde, bei seiner Bedrängniss durch die Wölfin, zu Hülfe kommt, bedeutet dem Glossator nichts weiter als den lateinischen Dichter, dessen Werk Dante über die Folgen von Tugend und Laster belehrt hatte und ihm durch die Glückseligkeit (beatitudine), das ist Beatrice, in die Hand gegeben wurde (p. 5). Der Windhund, der die Wölfin in die Hölle, aus der sie gekommen, zurückjagen wird, gilt ihm als der Gottessohn selbst, der am Tage des jüngsten Gerichts in der Luft erscheinen wird, was die nicht weiter erklärten Worte sua nazion sarà tra feltro e feltro besagen sollen. Viel Verkehrtes, ja geradezu Unsinniges ist aus der Mythologie, Geschichte und Geographie vorgebracht (vgl. Th. Paur a. a. O. S. 350). Auch das seiner Zeit nahe Liegende scheint dem Autor nur durch Volksmund bekannt zu sein: so die lächerliche Erzählung, wie Bonifaz VIII seinen Vorgänger, Papst Cölestin, zur Abdankung bewog, indem er ihm in seiner Schlafkammer als geflügeltes Gespenst erschien und ihn mit furchtbarer Stimme und durch eine im Dunkeln leuchtende Schrift erschreckte (p. 18). Paur will den Autor für einen Guelfen halten, weil er Kaiser Friedrich II der ketzerischen Auflehnung gegen die heilige Kirche beschuldigt; doch hat ja der Dichter selbst den Kaiser wegen Ketzerei in die Höllenstadt versetzt (Inf. X, 119), obwohl er nicht eben guelfisch gesinnt war, und an anderer Stelle sagt der Glossator (p. 110), ebenfalls in Uebereinstimmung mit Dante, dass alles Unheil von den Päpsten ausgehe und dass es nicht an ihnen fehle, wenn durch ihre offenbaren Sünden der Glaube verloren gehe. Als Toscaner offenbart sich der Autor durch die reine Sprache, aber für einen Florentiner, wie Selmi vermuthet, kann ich ihn doch wegen seiner auffallenden Unkenntniss über die Zeitgeschichte von Florenz nicht halten, wiewohl er sich über die ältere florentinische Tradition gut genug unterrichtet zeigt. So ist ihm die Sage von dem gefährlichen Schutzpatronat des Kriegsgottes Mars, dessen Standbild sich zur Zeit noch am Ponte Vecchio befand (p. 78) — also vor der Ueberschwemmung durch den Arno, der es von dort wegriss, im November 1333 (Villani XI, 1) — wohl bekannt; wie auch die von der Gründung von Florenz durch die römischen Feldherren Florus und Metellus nach der Einnahme von Fiesole (p. 87), und besser als Lana hat er die Stelle Inf. XV, 61: Ma quell' ingrato popolo maligno, che discese di Fiesole ab antico verstanden, wo der Dichter den zwiefachen Bestandtheil der florentinischen Bevölkerung als fiesolanischen und römischen Ursprungs unterscheidet. Wir kennen jetzt die Sage in der Quelle selbst, aus der sie die Geschichtschreiber schöpften, nämlich in der lateinischen Schrift De Origine Civitatis, nebst einer alten italienischen Bearbeitung und noch einer anderen populären Abfassung in dem Volksbuch Libro Fiesolano, welche O. Hartwig, Quellen und Forschungen zur ältesten Geschichte von Florenz 1875, herausgegeben hat. Auf diese Quelle weist in den Glossen bestimmt die Nachricht hin von der Niederlage des Catilina und der andern römischen Verbannten bei Pistoja, wo die übrig gebliebenen die Stadt gründeten, welche ihren Namen von pestilenzia erhielt (p. 133), vgl. De Origine p. 56: quia tunc ibi fuit magna pestilentia ultra modum; ebenso die geläufige Verwechselung des Attila mit Totila (p. 78), welche sich gleichfalls bei Villani II, 1 wiederfindet.

Die bekannte Erzählung von der verhängnissvollen Heirat des jungen Ritters Buondelmonte, aus welcher die Entzweiung unter den florentinischen Geschlechtern entstand, wird noch auf ganz eigenthümliche Weise und sehr abweichend von Villani vorgetragen (p. 152 vgl. Vill. V, 38): Der junge Buondelmonte heisst hier mit Vornamen Simone und seine erste Braut Anna Cavicciuoli, welche zwar schön, aber so arm war, dass sie keine anständige Mitgift aufbringen konnte; durch Vertrag zwischen den Buondelmonti und Lamberti wurde dem Simone eine vornehme Uberti zur Frau bestimmt, die er jedoch verschmähte, während er sich mit seiner ersten schönen Braut vermählte. Nach Villani, dem die Späteren gefolgt sind, verliess umgekehrt Ritter Buondelmonte seine erste Braut, die eine Amidei war, und zog ihr eine schöne Tochter aus dem Hause Donati vor, und hiermit stimmt in der Hauptsache auch die angebliche Chronik des Dino Compagni (I, 2) überein, wo aber die verlassene Braut eine Tochter von Oderigo Giantruffetti heisst. Man sieht, wie wenig constant die Tradition vor ihrer Ausprägung durch Villani war (vergl. Scheffer-Boichorst, Florentiner Studien S. 60 und was ich in: Chronik des Dino Compagni S. 64 darüber gesagt habe).

Auf der anderen Seite weiss der Glossator offenbar nur wenig Sicheres von den Ereignissen der jüngsten Vergangenheit, wiewohl er wie ein Zeitgenosse von den Parteien der Weissen redet. Denn an der einen Stelle (p. 39) lässt er zuerst die Weissen und nachher die Schwarzen, die einen durch die andern vertrieben werden, während gerade das Umgekehrte der Fall war, und an der andern (p. 132) gebraucht er den sinnverwirrenden Ausdruck: ivi combattè messer Carlo con messer Corso Donati e caccionne fuori i Cerchi come Bianchi, wo con messer Corso Donati so viel heissen muss als „verbunden mit", damit man nicht den Unsinn darin finde, als ob das Parteihaupt der Schwarzen der Gegner des Carl von Valois gewesen sei, und nennt als Ort des Kampfes (mit den Weissen) den Campo Piceno, den er als Marsfeld bei Florenz erklärt, während die florentinische Tradition unter Campo Piceno bekanntlich das Schlachtfeld des Catilina bei Pistoja versteht: De Origine p. 50, Villani I, 32.

Auch ist das Wenige, was der Commentator von dem Leben des Dichters beibringt, nämlich, dass er in seiner Jugend allein nach Geldgewinn getrachtet habe (p. 15) und ein Frauenverführer gewesen sei (p. 93), nur für eine absurde aus gehässiger Erfindung stammende Schmährede zu erklären.

2. **Comento alla cantica dell' Inferno di autore anonimo. Firenze 1848** (von Lord Vernon herausgegeben).

Dieser Commentar, ebenfalls bloss auf das Inferno bezüglich, ist mit den von Selmi veröffentlichten Glossen ziemlich gleichzeitig verfasst und nach Form und Inhalt so nahe verwandt, dass in mehreren Handschriften, der Pariser und der Strozzi'schen, demselben auch ein Theil von jenen Glossen eingeschaltet ist (im Abdruck mit P und S bezeichnet). Als Abfassungszeit ist an einer Stelle (p. 165) ausdrücklich das Jahr 1324 (nach anderen Hss. 1328) genannt. Die Erklärung ist, ähnlich wie in den Glossen, kurz, frei von Scholastik und überflüssiger Gelehrsamkeit. Im allgemeinen zeigt sich jedoch der Autor besser unterrichtet in Mythologie, alter Geschichte und Literatur, wiewohl auch ihm bisweilen ein derartiger Verstoss begegnet, wie die Verwechslung der Phädra mit der Ariadne in der Geschichte des Theseus (p. 99), oder die der Thais aus den Eunuchen des Terenz mit der Geliebten des Simson (p. 146). Häufig trifft er in der allegorischen Auslegung das Bessere und Richtige. Den Dichter Virgil erkennt er als die wahre Vernunft, die Rachele, welche auch er als eine der hülfreichen Frauen nennt, als das beschauliche Leben. Den Veltro erklärt er überhaupt für einen grossen Menschen, alto per senno e per virtute, und versteht, wie die meisten älteren Commentatoren, tra feltro e feltro als Filz oder schlechtes Tuch (conciosiacosachè il feltro sia il più vile panno), mit Bezug auf die niedrige Herkunft des künftigen Fürsten der Wahrheit und Gerechtigkeit; doch lässt er auch andere Erklärungen offen (p. 23). Die allegorische Deutung ist bisweilen künstlich gesucht, aber doch nicht geschmacklos, wie z. B. dass beim Hinansteigen Dante's auf den Hügel der untere feststehende Fuss, Inf. I, 30, die Demuth bedeute, auf welche der Heilsstand sich stütze. Geradezu Sinnloses, woran in den Chiose kein Mangel ist, findet sich hier nicht. Die geschichtliche Erklärung ist überall sehr kurz gefasst und lässt manches vermissen, doch ist sie in der Regel sachgemäss und zutreffend. Die Tradition und Geschichte von Florenz sind dem Commentator theils ebenso gut, theils besser als dem Verfasser der Glossen bekannt; er giebt z. B. die richtige Erklärung des Campo Piceno zu Inf. XXIV, 148 und irrt nicht in Bezug auf die Folge der Herrschaft der Weissen und Schwarzen, wobei er freilich gleichfalls die neuen Parteinamen auf die alten der Gibellinen und Guelfen überträgt (p. 87); er kennt wie jener das Marsbild noch am Fuss des Ponte Vecchio (p. 113) und weiss gut Bescheid sowohl über die berühmten als auch die weniger bekannten Persönlichkeiten, wie über die florentinischen Gebräuche, von denen er z. B. der jährlichen Charfreitagsprozession nach St. Gallo gedenkt (p. 140).

Besonders bemerkenswerth ist sein Verhältniss zu der geschriebenen Tradition von Florenz, nach der schon erwähnten Quelle De Origine Civitatis. Abweichend zwar von dieser macht er die Elettra (Inf. IV, 121), statt zur Frau des Attalan, des Gründers von Fiesole, dem sie die Söhne Italus, Dardanus und Sicanus gebar: De Orig. p. 39 — zur Frau des Dardanus, des Erbauers von Troja (p. 43). Aber ganz daraus geschöpft ist die ausführliche Erzählung von Attila, dem grausamen Tyrannen aus Ungarn, genannt flagellum Dei, welcher Italien verwüstete und dann in Florenz, obgleich freundlich empfangen, 20000 Einwohner in dem Palast des Capitols durch seine Ritter erwürgen und in den Arno werfen liess, worauf er die Stadt vollends mit Feuer und Schwert zerstörte und dagegen das von den Römern zerstörte Fiesole wiederherstellte; nachher kamen die Römer zurück und erbauten Florenz aufs neue, wohin auch die Fiesolaner infolge Vertrags unter der Bedingung übersiedelten, dass das Bisthum von Fiesole erhalten bliebe (p. 106). — Nur der

Name des Totila, den die Sage hat und auch Villani (II, 1. 2) nach ihr beibehält, ist hier in den von Attila verändert; sonst aber folgt der Commentator der ursprünglichen Erzählung viel genauer als Villani, der sie weiter ausgeschmückt und besonders darin entstellt hat, dass er Florenz nicht durch die Römer, sondern erst durch Karl den Grossen wieder entstehen lässt.

Weiter findet sich die Heiratsgeschichte des Ritters Buondelmonte auch hier wieder mit anderen Namen und Umständen als in den Chiose und bei Villani (p. 199), worauf näher einzugehen nicht nöthig.

Auf das Verhältniss dieser Auslegung des Inferno zu dem Commentar des bolognesischen Kanzlers Ser Graziolo de' Bambagioli werde ich später zurückkommen.

3. **Chiose alla Cantica dell' Inferno di Dante attribuite a Jacopo suo figlio. Firenze 1848.**

Demselben Codex des 14. Jahrhunderts aus der Bibliothek von Poggiali, nachmals im Besitz von Lord Vernon, welcher no. 2 enthält, sind auch die angeblich von Dantes' Sohn, Jacopo, herrührenden Glossen entnommen. Durch die Veröffentlichung beider Stücke ist zunächst klar geworden, dass jener Commentar no. 2 und diese Glossen no. 3 von einander verschieden sind, während man sie sonst gewöhnlich für identisch hielt, weil no. 2 in einer andern (der Pariser) Handschrift das gleiche Vorwort wie no. 3 hat, worin Jacopo in der ersten Person spricht (io Jachopo figliuolo di Dante); übrigens hat schon Batines bei Beschreibung der Pariser Handschrift jene Verschiedenheit hervorgehoben (Bibliografia I, 584).

Nichtsdestoweniger besteht eine gewisse innere Verwandtschaft, welche sich in manchen Einzelheiten kund giebt, wie z. B. dass hier wie dort die Elettra Gemahlin des Dardanus und Tochter des Attalan heisst (p. 15), im Widerspruch mit der geschriebenen Tradition, wonach sie die Gattin des Attalan war, und dass die keusche Lucretia hier wie dort die Tochter des Brutus genannt wird (p. 15 vergl. Anonimo p. 44), oder dass in gleicher Weise die drei Rachen des Höllenhunds Cerberus auf den Unterschied der Gefrässigkeit nach Qualität und Quantität der Speisen bezogen werden (p. 20 vergl. Anonimo p. 53). Anderes weist, sei es auf Bekanntschaft mit den Selmi'schen Glossen, oder auf gemeinsamen Ursprung hin, wie die Sage vom Attila, dass er beim Schachspiel in Rimini erschlagen worden sei (p. 39 vgl. ob. S. 3), von dem Kanzler Petrus von Vinea, dass er, nachdem er des Augenlichts durch Blendung beraubt war, sich den Kopf an einer Mauer zu Pisa zerstossen habe (p. 42 vgl. Chiose da Selmi p. 75), und die wunderliche Fabel, dass der Prophet Maumeto ein grosser Prälat in Spanien gewesen sei, welchen der Papst aus Eifersucht mit vielen Versprechungen über das Meer gesendet habe, um Christum zu predigen, der aber nachher, als ihm diese nicht gehalten wurden, das Gegentheil lehrte und den Glauben, den die Sarazenen noch jetzt festhalten, einführte (p. 91 vgl. Chiose da Selmi p. 150); wie die Erzählung von den beiden Frati godenti aus Bologna, welchen die oberste Gewalt in Florenz übertragen wurde, mit den gleichen Namen und Umständen (p. 74 Chiose da Selmi 127).

Die Autorschaft des Jacopo di Dante, von dem man weiss, dass er etwa 4 Jahre nach dem Tode des Vaters nach Florenz zurückkehrte und dort später gelebt hat (er findet sich in florentinischen Urkunden 1332 und 1342 genannt, s. Fraticelli, Vita di Dante p. 300 vgl. A. von Reumont über Dante's Familie im Dante-Jahrbuch II, 340), ist, abgesehen von der dürftigen Beschaffenheit der Glossen, schon aus dem Grunde zu verwerfen, weil der Verfasser sicher kein Florentiner war, da er an einer andern Stelle von dem Ponte Vecchio zu Florenz als von ihrer alten Brücke redet (p. 43 chomo al presente nella testa del loro vecchio ponte si vede), sich selbst also von den Florentinern unterscheidet, nachdem er vorher die wunderliche Bemerkung gemacht hat, dass es ihre Gewohnheit sei, sich aufzuhängen, wie die der Aretiner, sich in den Brunnen zu stürzen. Uebrigens beweist die eben angeführte Stelle über den Stand des Marsbildes am Ponte Vecchio (si vede) gleichfalls für die frühe Abfassungszeit der Glossen vor 1333, in welchem Jahr, wie bemerkt, das Marsbild durch eine Ueberschwemmung des Arno fortgerissen wurde, woran wir ein gemeinsames Merkmal für die Zeit der ersten Commentatoren besitzen, welche das Marsbild noch an seiner alten Stelle kannten (s. über dieses oft gebrauchte Argument in Bezug auf den Ottimo Comento die Ausführung nebst Beweisstellen in dem Aufsatz von C. Witte, Dante-Forschungen S. 407 f.).

Was den Inhalt der Glossen betrifft, so handeln sie ausführlicher nur über das Mythologische und sind völlig werthlos in Bezug auf das eigentlich Historische. Mit der florentinischen Tradition und Geschichte zeigt der Autor nur oberflächliche Bekanntschaft: er weiss wohl von der Zerstörung von Florenz durch Attila den Ungarn, nicht Totila, wie ihn die Tradition nennt (p. 43); er erwähnt die Entzweiung der Geschlechter über den Heiratsantrag, der zwischen den Buondelmonti und Amidei geschlossen wurde, giebt kurz den Ursprung der Parteien der Weissen und Schwarzen aus Pistoja an, wohin er richtig den Campo Piceno setzt (p. 77), bringt aber überhaupt nichts näheres über die florentinischen Dinge und Personen und lässt gerade an den wichtigsten Stellen, Inf. VI und X, wo von solchen die Rede ist, fast alles vermissen.

4. **Comedia di Dante col comento di Jacopo della Lana. Nuovissima edizione della regia commissione per la pubblicazione dei testi di lingua — del suo socio Luciano Scarabelli. Vol. 1—3. Bologna 1866. 1867.**

Von diesem zuerst vollständigen und unstreitig vorzüglichsten Commentar aus dem Mittelalter hat Colomb de Batines mehr als 50 Handschriften beschrieben und waren bereits zwei ältere Drucke (von Wendelin, Venedig 1477 und Nidobat, Mailand 1477/78) vorhanden: die neueste Ausgabe von Scarabelli mit einem weitläufigen Apparat von Einleitung, Varianten und Noten rühmt sich zwar eine sehr sorgfältige und kritische Bearbeitung sowohl des Dantetextes als auch des Lano zu sein, ist aber in Wirklichkeit weit entfernt, solchem Anspruch zu genügen.*)

Ueber den Autor und sein Werk hat bereits vor 50 Jahren C. Witte eine gediegene Abhandlung in den Wiener Jahrbüchern der Literatur (Bd. 44. 1828, wieder abgedruckt in den Dante-Forschungen 1869) veröffentlicht und darin sowohl die Abfassungszeit des Commentars als auch das Verhältniss desselben zu dem sog. Ottimo Comento festgestellt; der neueste Herausgeber hat hierzu kaum etwas wesentliches hinzugefügt, wohl aber die bereits durch Witte bewiesene Priorität des Lanco, sowie die Benutzung desselben durch Ottimo weiter im einzelnen dargethan.

Ueber den Autor Jacopo della Lana steht ausser dem Namen nur so viel fest, dass er aus Bologna war. Das Geschlecht, welches den Namen von der Wollzunft führte, kommt seit Ende des 13. Jahrhunderts in Bologna vor, unsicher ist jedoch die Genealogie, in welcher man dem Jacopo seine Stelle anweisen will, und zweifelhaft die Angabe des lateinischen Uebersetzers Albericus de Rosciate, dass er licentiatus in artibus et theologia gewesen sei (s. über die abweichenden Nachrichten bezüglich des Geschlechts della Lana und des Jacomo de Zone del fra Filippo, wie der Autor in der Riccardianischen Hds. heisst, Scarabelli's Einleitung p. 66 ff. und dazu Witte's Bemerkungen im Dante-Jahrbuch I, 293).

Die Abfassungszeit des Werkes ist nach der einen Seite dadurch begrenzt, dass es bereits um die Mitte des 14. Jahrhunderts durch den Juristen Alberico de Rosciate in Bergamo, der im Jahre 1354 starb, ins Lateinische übersetzt war, und nach der andern dadurch, dass der Commentator an verschiedenen Stellen von der Zeit des Dichters als einer vergangenen redet (vgl. Witte, Dante-Forschungen S. 369. 380). Bestimmter

---

*) Die anmassliche und ungeziemende Polemik des Herausgebers gegen C. Witte's Textkritik der D. C. hat dieser selbst im Dante-Jahrbuch I, 279—330 gebührend abgefertigt, auch nachträglich, ebend. III, 467—475, an einer Reihe von Stellen aufgezeigt, wie fehlerhaft sich die Ausgabe von Scarabelli selbst gegenüber den älteren Drucken ausweist.

weist auf die Zeit vor 1333 der Umstand hin, dass der Autor, ebenso wie die bisher genannten Commentatoren, die Statue des Mars noch am Ponte Vecchio kannte (Inf. XIII, 146 T. I, 260); andere Beziehungen auf die Gegenwart führen selbst bis vor 1328 zurück (Witte S. 383).*)

Der allgemeine Charakter des Commentars ist von dem Autor selbst in dem Vorwort bezeichnet, wo er sagt: sein Bestreben sei darauf gerichtet, sowohl die Ordnung und den Zusammenhang des Gedichts darzulegen, als auch den sachlichen Inhalt zu erläutern und den Wortausdruck im einzelnen zu erklären (I, 96). Das erstere, die Ausführung des Gedankengangs und die Eintheilung des Inhalts, findet sich in den den einzelnen Gesängen vorausgeschickten Einleitungen (welche nur auffallender Weise bei den drei ersten Gesängen gänzlich fehlen und ausführlich erst vom 6. an werden), die Einzelerklärung in den sehr reichhaltigen Noten unter dem Text. Das Hauptgewicht der Auslegung beruht auf dem moralisch theologischen Inhalt des Gedichts, in welcher Beziehung der Lanco für die spätere Zeit vielfach massgebend geblieben ist. Die Allegorie der Thiere im 1. Gesang wird, wie in den älteren Glossen, allein von den allgemein menschlichen Verirrungen als Wollust, Hochmuth und Habgier verstanden, ohne Einmischung von irgend welchen politischen Beziehungen, und die Herkunft des Windhunds, der als Retter kommen soll, tra feltro e feltro, in zwiefacher Weise ent-

---

*) Die von Witte citirte Beweisstelle zu Inf. XX, 96: che al presente non n'è in Mantova se non messer Passerino, dessen Herrschaft 1328 zu Ende ging, verliert nicht an Kraft, sondern im Gegentheil, wenn sie, wie Scarabelli I, 349 ohne Grund annimmt, erst nachträglich hinzugefügt wäre. Die andere Stelle zu Parad. XXV, 4, welche von der in Florenz herrschenden Guelfenpartei sagt: e cosi hanno tenuto la terra fino al di d'oggi passt gleichfalls gut nur bis 1328, weil in diesem Jahr eine Veränderung des Regiments und der Verfassung von Florenz stattfand, vgl. Villani X c. 111. Dagegen hat Witte mit Recht das Argument, welches Scarabelli I p. 22 gebraucht, dass Lana den im J. 1323 heilig gesprochenen Thomas von Aquino noch fra Tommaso nenne (das abwechselnd daneben vorkommende san T. soll nur von den Copisten herrühren) als völlig bedeutungslos verworfen.

weder auf seine Erscheinung zwischen den Himmeln, tra cielo e cielo, oder auf die niedrige Geburt mit Erklärung des feltro als Filz oder grobes Tuch gedeutet. Dies ist um so bemerkenswerther, als Jacopo della Lana noch ganz in dem Ideenkreis des Dichters und seiner Zeit lebte und mit vieler Belesenheit aus dem gleichen Schatz des Wissens schöpfte; er athmete gleichsam dieselbe geistige Luft und stand auch bezüglich der Gegensätze von Kirche und Reich und der Parteien, welche sich an sie anschlossen, auf der gleichen Höhe geistiger Freiheit. Man sehe, wie er sich darüber in seiner ausführlichen Digression über die Geschichte Roms und des römischen Reichs in. der Einleitung zu Parad. VI ausspricht, wo man schon Machiavelli zu vernehmen glaubt, der doch den Verlauf von zwei weiteren Jahrhunderten überblickte: „Man muss wissen," heisst es dort nämlich, „dass, seitdem die Päpste (li pastori) sich in den Kopf gesetzt haben, dass der Stuhl des Reiches leer stehen solle, sie jede Klasse von Leuten, welche sich dem Reiche widersetzen wollte, an sich gezogen und begünstigt haben, und so wie sich irgend ein Verräther an der Krone fand, haben sie ihn gesegnet und ihn zur Partei der Kirche gerechnet, und dieses Parteiwesen hat bei der Gebrechlichkeit der menschlichen Natur, welche mehr zu sündigen als recht zu thun geneigt ist, dergestalt überhand genommen, dass fast jeder Italiener darin verwickelt ist. — — Schlecht also thaten die Guelfen, sich dem Reich und den Nächsten zu widersetzen und die Heiligkeit der Kirche mit ihrer Partei zu verwickeln, und übel thun die Gibellinen, das Reich mit ihrer Partei zu verwickeln, um den Nächsten zu hassen und sich anmassend und unehrerbietig gegen den christlichen Hirten zu beweisen" (III, 105).

Uebrigens ist die historische Seite des Commentars nicht gleich hoch zu schätzen, wie die moralisch-theologische. Bei aller Fülle des mythologischen und historischen Stoffs, welchen der Autor zusammengebracht hat, zeigt er doch gegenüber dem Dichter eine auffallende Inferiorität, sowohl bezüglich der Kenntniss der Dinge, als besonders der historischen Kritik. Vollkommen richtig hat Witte bemerkt und mit einer Reihe von Beispielen belegt: „Bei Jacopo della Lana nimmt Geschichtliches und Mythisches, Antikes und Neuestes den gleichen, alles Kostüm verschmähenden oder richtiger Novellencharakter an. Selbst die biblischen Geschichten werden in behaglicher Breite und nicht selten gar fehlerhaft erzählt." Es ist nicht der Mühe werth, mit dem neuesten Herausgeber darüber zu streiten, ob ein paar historische oder geographische Absurditäten mehr oder weniger dem Commentar selbst oder nur seinen Copisten, wie das die gewöhnliche Ausflucht ist, zur Last fallen (s. Scarabelli gegen Witte S. 49 f.). Sollte auch Jacopo della Lana nicht, wie die älteren Glossen (s. oben), den Propheten Mohammed für einen abtrünnigen Cardinal der römischen Kirche, sondern bloss für den Verführten eines schismatischen Mönchs von Smyrna ausgegeben haben (I, 444 zu Inf. XXVIII, 31), so bleibt doch genug derartiges übrig, wie z. B. die Erzählung vom Sultan Saladin, wie er im Incognito nach Frankreich reiste, um Gotfrid von Bouillon zu tödten, aber in Paris, wo er am königlichen Hof erkannt und verhaftet wurde, sein Leben beendigte (I, 147 zu Inf. IV); oder die von Attila, wie er zu Rimini, wo er sich verkleidet einschlich, beim Schachspiel von einem Mitspieler, der ihn erkannte, getödtet wurde (I, 248), wie wir dies schon in den älteren Glossen gesehen haben (S. 3. 9) u. a. m. Selbst die im Mittelalter wohlbekannte römische Geschichte wird auf gleiche Weise romantisch eingekleidet und dabei z. B. die heroische That des Mucius Scävola in die Zeit von Julius Cäsar verlegt und dieser an die Stelle von Porsena gesetzt (III, 67 zu Par. IV). Aber auch mit den Ereignissen seiner Gegenwart nimmt es Jacopo della Lana wenig genau, wenn er am Schluss seiner römischen Kaisergeschichte zu Parad. VI (III, 104) sagt: „Im J. 1310 kam Heinrich, Graf von Luxemburg und ging nach Rom, wo er von Clemens V mit der Kaiserkrone gekrönt wurde," so dass er gar nicht zu wissen scheint, dass der Papst in Avignon war und die Kaiserkrönung durch die von ihm beauftragten Cardinäle zu Rom erst 1312 vollzogen wurde. Und so ahnt er offenbar auch nicht, dass Dante die auf K. Heinrich VII bezügliche Stelle Par. XXX, 137 erst nach dessen Tode gedichtet hat, da er ihm den unwürdigen Beweggrund unterschiebt, dass er vermuthlich für sein Lob eine Belohnung von Heinrich erwartet habe! (III, 467: e potealo muovere premio alcuno ch'ello aspettava dal detto Enrico per rimuneramento della detta poetria).

Besser unterrichtet zeigt sich Jacopo della Lana nur über die Vorgänge in seiner Heimat Bologna, wo er zu Inf. XXIII, 103 über die Entstehung des Ritterordens der Frati godenti und zu Purg. V, 64 über die Ermordung des Podestà Jacopo del Cassero gute Auskunft giebt. So hörte er wahrscheinlich auch von einem zu Bologna studierenden Deutschen die sonst bei einem Italiener überraschende Erklärung von den Parteinamen Gibellinen und Guelfen, dass jener von einem Ort in Deutschland (Waiblingen) herkomme und dieser zu deutsch Hund bedeute (III, 264 zu Par. XVI am Schluss). Dagegen beweist er nur oberflächliche oder ungenaue Kenntniss von dem Leben des Dichters, von den Parteien und Zeitereignissen in Florenz, wo er z. B. die Waldpartei (parte selvaggia), unter welcher Dante Inf. VI, 65 die Cerchi oder die Weissen versteht, die sich später mit den Gibellinen vereinigten, mit den Guelfen verwechselt (I, 166) und die Vertreibung derselben aus Florenz nach der Ankunft des päpstlichen Friedensstifters, Carl von Valois, hauptsächlich nur der Eifersucht des Geschlechts der Franceschi (Franzesi) und ihren Anzettelungen am Hof zu Paris zuschreibt, und wo er von dem Leben des Dichters, dessen Schicksal sich im Zusammenhang mit diesem Ereigniss entschied, nichts Bestimmteres zu sagen weiss, als dass er oft im Rath der Stadt und einer der Prioren gewesen sei (III, 364 f. in Einl. zu Par. XXV).

Wie häufig auch der bolognesische Commentator die alten Autoren Livius, Sallust, Lucan u. a. citirt, so schöpfte er doch seine historische Kenntniss über das Alterthum, wie über das frühere Mittelalter, noch mehr aus späteren Compilationen und nahm seine unterhaltenden Anekdoten und Novellen aus blossen Volksbüchern, wie Libro Trojano, Vita d'Alessandro, Storie Romane, Reali di Francia, wie dies schon Witte a. a. O. dargethan hat. Im gleichen Novellenton erzählt er den Anlass der Entzweiung unter den florentinischen Geschlechtern nicht in Uebereinstimmung mit Villani, sondern in der älteren Fassung, die sich auch in dem Commentar des Anonimo von L. Vernon (p. 199) findet, wonach der Heiratsantrag zwischen den Buondelmonti und Uberti verabredet war (I, 449; III, 261), und giebt, ebenfalls aus unbekannter Quelle, eine andere Legende, wie diese beiden feindlichen Geschlechter, bei Gelegenheit der Belagerung von Faenza durch Friedrich II sich wetteifernd bemühten, ihre Vaterstadt an den Kaiser zu verrathen, und wie dies wirklich den Uberti gelang (III, 162 zu Parad. XVI, 152). Anderes aber, was sich mit der Geschichte des Ursprungs von Florenz berührt, stammt aus der schon mehrfach erwähnten Quelle De Origine Civitatis oder dem Libro Fiesolano: so die Gründung von Fiesole durch König Attalan, den Gemahl der Elettra, welcher der erste König von Europa war, der nach dem Ausspruch der Götter als erste Stadt Fiesole, quasi a dire: questa città fie sola, erbaute: (I, 145 zu Inf. IV, 121) vgl. Libro Fiesolano a. a. O. p. 39: e per che fue la prima città fatta si fue in tutto chiamato Fiesole, und Villani I, 6; und weiter was über die Theilung der Länder unter die drei Söhne, Italo, Dardano, Siccano gesagt ist. Desgleichen wird von dem Commentator im Abriss der römischen Geschichte zu Parad. VI (III, 92) die Erzählung von Catilina und von dem Krieg der Römer gegen Fiesole ganz nach der Schrift De Origine Civitatis (p. 49—54) und zum Theil in wörtlicher Uebereinstimmung vorgetragen: Cicero und die Senatoren senden gegen Catilina den Antonius mit vielem Volk; dann heisst es weiter: Sì come Catilina vide Antonio e la sua gente, escì di Fiesole con la sua gente e andò verso l'Alpe, e Antonio drieto aggiunselo in campo Piceno, e là fue grande battaglia, infine vi morì Catilina e tutta sua gente, e Antonio ebbe vittoria; vero è che elli non tornò a Roma se non conventisci persone. Tornato a Roma ebbe suo trionfo. Ma pur li Romani non potevano credere che tanta gente vi fosse rimasa, mandarono in lo ditto luogo, e così fu veduta la veritade. Irati li Romani contra li Fiesolani si mandarono Metello e Fiorino con grande quantità di gente. Man vergleiche De Origine: Intellexerunt haec Catellina et sui socii, et sequentes ex eadem civitate Faesulae exiverunt et versus alpes

Appenninos properabant. Et dum haec gererentur, accidit quod praedictus Antonius cum dicta militia irent post eos. Adjuncti sunt insimul in campo Piceno et ibi inter se acriter pugnaverunt, ita quod Catelliun cum suis quasi omnes mortui sunt paucis romanentibus. Antonius vero vix evasit et cum xx sociis reversus est Romam luctuosis et victoriosis. Romani autem increduli quod tam maxima multitudo gentium ibi fuerit interfecta, miserunt contra civitatem Faesulanam Metellum et Florinum cum maxima multitudine gentium.

Bis auf geringe Abänderungen hat hier der Commentator seine Quelle wörtlich wiedergegeben, und es ist nicht ohne Interesse zu sehen, dass sie ihm in Bologna, ebenso gut wie den älteren Glossatoren des Dante und dem Dichter selbst, bekannt war. Wie sie dem Villani und dem Ricordano Malespini gedient hat, habe ich in der Abhandlung über die Anfänge der florentinischen Geschichtschreibung, Histor. Zeitschrift Bd. XXXV nachgewiesen.

5. L'ottimo Commento della D. C. testo inedito d'un contemporaneo di Dante (herausg. von Alessandro Torri). Vol. 1—3. Pisa 1827—1829.

Die wenig zutreffende Bezeichnung als ottimo hat dieser Commentar im Vocabolario della Crusca wohl hauptsächlich nur in Rücksicht auf die reine Sprache des Trecento erhalten. Der Text ist fehlerhaft, bloss nach einer einzigen Hds. der Laurentiana abgedruckt; abweichende Lesarten finden sich im Anfang. Nicht nur die Rechtschreibung ist modernisirt, wie dies in den neueren italienischen Ausgaben allgemein üblich ist, auch die Namen sind verändert und andre sogenannte Verbesserungen von dem Herausgeber willkürlich angebracht.

Ich kann mich auch bezüglich dieses Commentars, wie bei Jacopo della Lana, auf die erwähnte Abhandlung von Witte berufen, wozu derselbe später noch eine zweite bezüglich der Abfassungszeit und des Autors: Quando e da chi sia composto l'Ottimo Comento a Dante, hinzugefügt hat (Lipsia 1847, wieder abgedruckt in Dante-Forschungen S. 399—417).

Der Autor gibt selbst an zwei Stellen I, 355: mentre che io scriveva questa chiosa, anni 1333, und III, 295: al presente — nel mille trecento trenta tre, bestimmt die Abfassungszeit seines Werkes an. Wenn an einer dritten Stelle I, 255 (zu Inf. XIII, 144), wo auf die grosse Ueberschwemmung des Arno am 4. Nov. 1333 (so ist statt des Schreibfehlers 1323 zu lesen, vgl. Villani XI, 1) Bezug genommen ist, dieses Jahr als das nächstvergangene (anno prossimo passato) bezeichnet wird, so lässt sich daraus nur schliessen, dass der Verfasser auch noch 1334 mit seinem Werk beschäftigt war. Die im scheinbaren Widerspruch hiermit stehende Aeusserung an derselben Stelle aber, dass das Standbild des Mars viele Jahre hindurch im Arno gelegen habe (vi stette dentro per molti anni), geht offenbar nicht auf den Einsturz des Ponte vecchio durch die Ueberschwemmung vom J. 1333, sondern auf eine viel frühere vom J. 1177, von welcher Villani V, 8 berichtet, und welche auch der Commentator selbst mit dem Datum vom 25. Nov. 1178 am andern Ort erwähnt hat (III, 383); vgl. die Ausführung von Witte nebst Beweisstellen (gegen de Batines) in Dante-Forschungen 407 ff.; und als bloss missverständliche Glosse in der fehlerhaften Handschrift gibt sich an anderer Stelle (II, 441) das J. 1351 (essendo vescovo uno messer Agnolo Acciajoli) schon durch den darin enthaltenen Anachronismus zu erkennen (Witte S. 412).

Wenn demnach der Ottimo nur wenige Jahre nach dem Laneo verfasst ist, so erweckt der Autor auch noch unseren besonderen Antheil an seiner Person durch den Umstand, dass er selbst den Dichter persönlich gekannt hat, wobei er sich auf ein paar mündliche Aeusserungen desselben beruft: die eine, dass er nichts bloss um des Reimes willen gesagt, wohl aber manche Ausdrücke in anderem Sinne, als dem gewöhnlichen, gebraucht habe (I, 183); die andere über die florentinische Sage von dem für das Schicksal der Stadt bedeutsamen Standbild des Mars (I, 255 la quale io scrittore domandando-negliele udii così raccontare). Weiter gibt der Autor sich als der Provinz Toscana angehörig (II, 235 von Witte citirt) und (wie ich hinzufüge) auch als Florentiner zu erkennen, wo er zu

Inf. XXIX, 27 von der Blutrache der florentinischen Geschlechtsverwandten redet und dabei das ‚bei uns' gebräuchliche Sprichwort anführt, dass die Rache von 100 Jahren her noch ihre Milchzähne behält: onde è tra noi un motto, che vendetta di cento anni tiene lattajuoli (I, 498). Uebrigens schliesst sich Witte der ansprechenden Vermuthung de Batines' (der sie selbst schon von Mehus aufgenommen hat s. dessen Bibliogr. II, 596) an, dass die handschriftliche Bezeichnung des Autors mit den Anfangsbuchstaben A. L. N. F. als Andrea Lancia notaro Fiorentino zu erklären sei, von welchem man weiss, dass er in der ersten Hälfte des 14. Jahrhunderts gelebt und lateinische Dichter und Prosaiker übersetzt hat.

Der Ottimo Comento ist nicht in gleicher Weise ein originales Werk, wie das des Jacopo della Lana. Der Verfasser hat seine Vorgänger fleissig benutzt und häufig ausgeschrieben: von diesen nennt er an zwei Stellen zum Inferno (I, 121 und 248) den Kanzler von Bologna Ser Graziuolo (Bambagioli), von welchem bekannt ist, dass er im J. 1330 aus Bologna verbannt wurde (s. de Batines II, 299). Dessen früherer Commentar ist also, wenn Ser Graziuolo noch Kanzler in Bologna war, als er ihn schrieb, vor 1330 verfasst worden; doch scheint derselbe sich nur auf das Inferno erstreckt zu haben, wie er auch nur bei diesem von Ottimo citirt wird. Ein Theil davon, nämlich der Abschnitt zu Inf. XXV—XXXIV ist in dem Codex des Lord Vernon (sonst Poggiali) aus dem 14. Jahrhundert enthalten, s. die Beschreibung von de Batines II, 298 f. und von L. Vernon selbst im Vorwort zu den Glossen des Jacopo di Dante p. X.*) Ottimo gibt eine lange Glosse des Kanzlers von Bologna über die Fortuna und den Einfluss der Planeten auf Naturanlage und Schicksale der Menschen (I, 121—125), und weiter zu Inf. XIII, 91 eine kürzere über die der h. Schrift

---

*) Im Codex ist der bezeichnete Abschnitt der Glossen zu Anfang und am Schluss ausdrücklich dem Kanzler von Bologna zugeschrieben. Die Schlussworte lauten: Finite parte delle chiose della prima cantica overo comedia di Dante Alighieri di Firenze fatte per lo chanciliere di Bolognia amen.

anscheinend widersprechende Meinung des Dichters, dass die Seelen der Selbstmörder bei der Auferstehung nicht wieder mit ihren Leibern bekleidet werden (I, 248). Es ist aber, so viel ich sehe, bisher nicht bemerkt worden, dass eben diese beiden Stellen sich vollständig auch bei dem Anonimo des L. Vernon vom J. 1324 wiederfinden, p. 60—66 und p. 111. Und das gleiche Verhältniss wörtlicher Uebereinstimmung mit jenem Anonimo begegnet uns noch bei einer Reihe von anderen Stellen des Ottimo: vgl. die Noten zu Inf. VII le sue permutazion und Vostro savere Ott. p. 125 mit Anom. 66, 67; zu Inf. IX Pure a noi converrà, wo Ottimo p. 151 Bezug nimmt auf den früheren Commentator: Vero è ch'altri spone queste parole in altro modo, vgl. Anon. p. 76, wo sich eben das weiter Gesagte findet; zu Inf. X Con Epicuro tutti e suoi seguaci, die wunderliche Namensdeutung von Epicuro aus epi, che viene a dire di sopra, e cure cioè di fuora, Ott. p. 172 vgl. Anon. 85; zu Inf. XI die Erörterung über die verschiedenen Arten des Betrugs, Ott. in der Einleitung p. 195 und den Noten: La frode onde ogni p. 203, Ed elli a me p. 205, vgl. Anon. 90—95; zu Inf. XII die Sage vom Minotaurus Ott. p. 218, vgl. Anon. p. 99; zu Inf. XIII über Attila in Florenz Ott. p. 256 vgl. Anon. 105; zu Inf. XIV über den Bulichame bei Viterbo Ott. 268 vgl. Anon. p. 117; zu Inf. XV über die Dämme der Flamänder und der Paduaner und Ser Brunetto Latini Ott. 285. 287 vgl. Anon. 123. 124; zu Inf. XXI über das Arsenal von Venedig Ott. 376 vgl. Anon. 162; zu Inf. XXXI über den schiefen Thurm Carisenda zu Bologna Ott. 544 vgl. Anon. 234; zu Inf. XXXIII über den Traum des Grafen Ugolino Ott. 564 vgl. Anon. 249. 250.

Ergibt sich hieraus einerseits Uebereinstimmung des Ottimo in einer Reihe von Stellen mit dem Anonimo des L. Vernon und andrerseits Uebereinstimmung des letzteren mit den von Ottimo aus dem Commentar des Kanzlers von Bologna entlehnten Glossen, so liegt der Schluss nahe, dass Ottimo überall, wo er mit Anonimo übereinstimmt, den Commentar des Kanzlers benutzt habe und dass beide, der Anonimo und Ser Graziuolo Bambagioli identisch seien. Leider widerspricht aber dieser Annahme der fatale Umstand, dass die von de Batines II, 298 f. citirten Zeilen, womit in der Hds. des Lord Vernon das Bruchstück des Commentars des Kanzlers bei Inf. ·XXV beginnt und bei Inf. XXXIV aufhört, nicht ebenso im Anonimo vorkommen, so dass das zwischen beiden bestehende Verhältniss einstweilen noch unaufgeklärt bleibt.*)

Doch kehren wir zu dem Ottimo zurück. Nicht genannt, aber um so fleissiger benutzt und wörtlich ausgeschrieben hat der Autor das Werk des Jacopo della Lana. Dieses lang verkannte Verhältniss, so dass man beide Commentare sogar für identisch oder auch umgekehrt den Ottimo für das frühere Werk hielt, hat zuerst Witte in seiner Abhandlung klar gelegt und Scarabelli in der Ausgabe des Laneo weiter nachgewiesen. Durch die Vergleichung beider ergibt sich, dass Ottimo die meisten Einleitungen zu den einzelnen Gesängen, sowie zahlreiche erklärende Noten wörtlich aus Lana entnommen hat, und zwar in allen drei Haupttheilen des Gedichts, ausgenommen im letzten Drittel des Purgatorio (genauer vom 20. Gesang an), wo dem Plagiator wahrscheinlich der Text des Laneo gefehlt hat. In der Regel ist solche Benutzung des Vorgängers ganz verschwiegen; nur bisweilen wird er mit den Worten: Alcuno dice oder dice alcuno chiosatore eingeführt, wo Ottimo entweder ihm gerade nicht folgen will, wie z. B. bei der falschen Nachricht über Attila's Ende in Rimini (I, 233), oder wo er noch andere Erklärungen berücksichtigt (II, 193).

Wenn nun zwar der Ottimo in so weit als blosser Compilator aus früheren Commentatoren zu betrachten ist, so bringt er doch auch aus eigener Kenntniss der alten Literatur eine Masse von überflüssiger Erudition hinzu, wie z. B. zu Inf. IV über die Geschichte der alten Philosophie und Philosophen, wo sich Laneo in der Kürze bloss auf das Nöthige beschränkt,

---

*) Auch die Vermuthung von Witte, dass der Commentar des Kanzlers von Bologna in der Hds. Laurenziana Pl. XL. no. 7 enthalten sei, hat sich bei genauerer Untersuchung der letzteren nicht als stichhaltig erwiesen: s. Witte's Schreiben in der Antologia 1831 no. 128 p. 151 und die Erwiederung von Piccioli, Antol. no. 130 p. 139 ff.

und ebenso hat er die moralisch-theologische Erklärung des Gedichts durch manche biblische und scholastische Gelehrsamkeit bereichert, ohne sie darum weiter als sein Vorgänger zu fördern.

Aehnlich ist das Verhältniss in der historischen Interpretation, so weit sie die allgemeine, alte und mittlere Geschichte betrifft. Die römische Geschichte ist zu Parad. VI weitläufiger als bei Lana ausgeführt, aber nicht in zusammenhängendem Vortrag, wie dort in der Einleitung, sondern stückweise in den Noten; dagegen hat Ottimo als Einleitung zu demselben Gesang einen kurzen Auszug aus Lana gegeben und an der Stelle, wo dieser seinen eigenen politischen und sittlichen Standpunkt gegenüber den Parteien in Kirche und Reich mit nachdrücklichen Worten zu erkennen gibt, blosse Allgemeinheiten über moralische Tugend, göttliches und weltliches Recht und einiges über die römischen Gesetze hinzugefügt.

Nur in einem und zwar wichtigem Punkt übertrifft Ottimo seinen Vorgänger bei weitem, nämlich in der besseren Kenntniss der florentinischen Geschichte, wie sie natürlich der Florentiner vor dem Bologneser voraus hatte. Abweichend von Lana, gibt er hierüber Nachrichten mit Namen und Daten von grosser Zuverlässigkeit, so weit wir sie anderweitig controliren können. Als Florentiner kennt er, wie Dante selbst, die einheimische Tradition und Geschichtschreibung noch unabhängig von Villani, der sein Werk bekanntlich erst 1348 abschloss. Leider citirt er, sonst so reich an Citaten, wo man sie ihm gern erliesse, nirgends seine Quellen, ausser an einer Stelle zu Inf. X, 73, wo er mit den Worten: Leggi la cronichetta novella degli anni domini mille dugento quindici, quando fu morto messer Buondelmonte degli Uberti (lies dagli U., d. i. von seiten der Uberti, seiner Gegner) I p. 181, offenbar auf eine geschriebene Legende hinweist, deren Inhalt er am anderen Ort, zu Inf. XXVIII (I p. 487) kurz erzählt, und zwar in Namen und Daten übereinstimmend mit Villani V c. 38, welcher letztere also dieselbe Quelle benutzt hat, während die älteren Commentatoren und Dino Compagni, wie schon bemerkt, davon abweichen. Auffallender Weise findet sich dagegen bei Ottimo nicht die von andern benutzte Quelle De Origine Civitatis: vielleicht weil er sie absichtlich verschmäht, bei der Geschichte des Catilina, die er lieber nach Sallust und Cicero erzählt (III, 144); doch wiederholt er nach Lana, was jene Quelle über Elettra, die Gemahlin des Attalan, enthält (I p. 45 mit der Anführung: un altra chiosa dice, die wie öfter auf den Laneo geht), und aus dem Anonimo (oder Kanzler von Bologna?) die Sage über die Zerstörung von Florenz durch Attila (s. oben), wozu er bemerkt, dass andere statt Attila den Totila nennen.

Für die spätere florentinische Geschichte hat Ottimo ohne Zweifel, ebenso wie Dante selbst und auch Villani, die Annalen aus dem 12. und 13. Jahrhundert gebraucht, die wir als Gesta Florentinorum nur aus anderen abgeleiteten Quellen kennen (s. hierüber Scheffer-Boichorst, Studien S. 219 und Hartwig, Quellen, wo in der Vorrede ein restituirter Text im 2. Heft versprochen wird). Dies wird zur Gewissheit durch die Vergleichung der folgenden Stellen: Ott. I, 181: Però che nell' anno mille ottanta Arrigo III imperadore venne ad oste sopra Firenze del mese di luglio, e levossene a sconfitta, mit Gesta Florent. (nach zwei Hss. bei Hartwig a. a. O. 92 Anm. 1): Nel MLXXX lo detto Arrigo venne a oste a Fiorenza a di XXI di luglio e levossene admodo di sconfitta, womit ebenso Villani IV, 23 wörtlich übereinstimmt: se ne levò a modo di sconfitta, e ciò fu nel detto anno a di 21 di luglio; ferner die Nachricht über die Ueberschwemmung des Arno 1178, Ott. III 383 mit Tolomeo von Lucca, der sie wie Villani aus den Gesta Florent. geschöpft hat (Scheffer-Boichorst, Studien 224), jetzt in der neuen Ausg. von Ptol. Annales, Documenti di Storia Italiana T. VI, 59; und weiter die andre Stelle im Ott. I, 184: poi nel mille dugento sessanta sette il dì di Pasqua il conte Guido Guerra con cavalieri del detto re Carlo venne in Firenze, e li Ghibellini se ne partirono la notte dinanzi, vergl. Ptol. Luc. a. a. O. p. 83: Anno dom. 1267 in die resurrectionis domini comes Guido Guerra venit cum militia Gallicana Florentiam et expulit inde omnes Ghibellinos (Scheffer-Boichorst 228).

Dagegen findet sich bei Ottimo keine Spur, welche auf Bekanntschaft mit der angeblich von Dino Compagni geschriebenen Chronik schliessen liesse. Wohl ist es nicht viel, was er über die Parteikämpfe der Weissen und Schwarzen (I. 99 zu Inf. VI, p. 421 zu Inf. XXIV), über die Ankunft des Carl von Valois und die Vertreibung der Weissen aus Florenz (II, 365 zu Purg. XX), über den Romzug Heinrichs VII (III, 400 zu Par. XVII) bringt, aber die Daten bezüglich der Ankunft des Carl von Valois in Florenz am 1. Nov. 1301, der Rückkehr des Corso Donati mit dem Gefolge der Schwarzen fünf Tage später, der Verbannungsdecrete gegen die Weissen am 4. April 1302 finden sich nicht so bei Dino und stimmen mit denen des Villani. Bemerkenswerth ist auch die bestimmte Angabe von dem Todestag des Corso Donati am 6. Oct. 1307, II p. 455: Quello cavaliere fu morto dal dì che parlò qui Foreso (im Frühjahr 1300) alli sette anni, sette mesi e dì circa venti, perocchè fu occiso nel mille trecento [sette] di sei d'Ottobre, was zwar bezüglich des Jahrs, nicht aber des Monats und Tags mit dem Datum bei Dino (L. III, 15. September 1307) übereinkommt.*) Endlich ist noch die bedeutsame Stelle des Commentars zu Purgat. XII, 105: Ch' era sicuro 'l quaderno e la doga (I, 219) hervorzuheben, welche von dem Prozess gegen den Podestà Monfiorito 1299 und von dem Betrug der grossen Herren Niccola Acciajuoli und Baldo d' Aguglione handelt, worauf ich im Anhang zur Dinofrage zurückkommen werde.

6. **Petri Allegherii super Dantis ipsius genitoris comoediam commentarium — sumtibus Bar. Vernon, curante V. Nannucci. Florentiae 1845.**

Pietro Allighieri, des Dichters ältester Sohn, folgte seinem Vater im Exil nach Verona, und lebte dort bis an sein Ende im J. 1364 als angesehener Rechtsgelehrter: judex Communis

---

*) Dem gegenüber erscheint mir doch zweifelhaft, dass die Angabe des Todestages als 6. Oct. 1308, welche Hartwig, Quellen S. XL anderswo gefunden hat, wie er meint, die allein richtige sei.

Veronae heisst er in einem öffentlichen Act des grossen Raths 1337 (Fraticelli, Vita di Dante 307 vgl. v. Reumont a. a. O.). Im Vorwort des Commentars nennt er sich als Petrus Dantis Alleghcrii de Florentia und sagt, dass er durch hochverehrte Freunde zur Abfassung seines Werks bewogen worden sei: non tantum nempe considerantes purum pusillumque juristam, ut sum — quantum, ut quia filius, practendentes in me de vigore paterno, quod procul dubio abest, adesse. So wird er auch in einer Grabschrift zu Vicenza, deren Echtheit freilich starken Zweifeln unterliegt, als Ausleger der göttlichen Komödie gefeiert: ut librum patris caveis (Fraticelli p. 299 liest punctis) aperiret in atris (Vorwort von Nannucci p. 11). Aus inneren Gründen, wobei vorausgesetzt wird, dass der Sohn von den Gedanken des Vaters mehr hätte wissen müssen, als er kund gibt, ist die Autorschaft desselben von Dionisi und Tiraboschi bestritten worden, wogegen M. G. Ponta, wie mir scheint, mit Recht gezeigt hat, dass diese Gründe nur schwach sind (s. die Abhandlung in der Ausgabe und über die betreffende Literatur de Batines I, 635). Gleichviel! Das Werk ist in nicht wenigen Hss. aus dem 14. und 15. Jahrhundert vorhanden (de Batines führt deren 14 auf), und die Abfassungszeit ist an zwei Stellen, p. 434: Tertia (sc. genealogia, nämlich das dritte Königsgeschlecht von Frankreich) incipit a dicto Ugone et huc usque, scilicet in 1340, und p. 581: a nativitate Christi citra sunt 1340, ausdrücklich angegeben.

Demnach ist dieser Commentar nur wenige Jahre auf den Ottimo gefolgt, wie dieser auf den Laneo. Von beiden unterscheidet er sich sowohl durch die lateinische Sprache, wie durch die summarische Kürze der Erklärung, welche in der Form von Einleitungen zu den einzelnen Gesängen zusammengefasst ist.

Der allgemeine Charakter spricht sich schon in der Einleitung aus, welche dem Ganzen vorausgeht, worin eine scholastische Ausführung über die mehreren causae des Gedichts gegeben ist: die causa efficiens ist der Dichter selbst, velut in domo fienda aedificator, womit sich der altdeutsche Ausdruck zimberman für Dichter vergleichen lässt (s. den lehrreichen Aufsatz von K. Bartsch über Dante's Poetik, I). Jahrbuch III, 307). Weiter verbreitet sich der Autor über den siebenfachen Sinn, welcher bei der Auslegung in Betracht komme, über den Begriff von Comoedia und Tragoedia und die vierfache Bedeutung der Höllenfahrt. Unverkennbar ist hier die nahe Verwandtschaft mit dem bekannten Dedicationsbrief Dante's zum Paradiese an Can della Scala, dessen Echtheit neuerdings wieder aus untriftigen Gründen (von Landau in seiner Schrift über Boccaccio S. 238 f.) bestritten worden ist. Namentlich die Erklärung der Komödie, welche ernsthaft und traurig beginnend einen heiteren Ausgang nimmt, im Unterschied von der Tragödie, welche nach ruhigem Anfang ein erschreckliches und schmerzliches Ziel hat, beweist deutlich, dass jener Brief worin dies ebenso vorkommt, dem Autor schon im J. 1340 vorgelegen haben muss, wenn er ihn auch ebenso wenig citirt, als Boccaccio dies thut.

Die Auslegung des Gedichts ist voll von Scholastik und Gelehrsamkeit. Jeder Gedanke und Ausdruck wird mit Citaten aus der Bibel, Aristoteles, Seneca, Boethius oder den römischen Dichtern belegt; der Wortsinn oder die historische Erklärung wird überall nur ganz kurz gegeben, das Hauptgewicht auf die oft sehr weit geführte allegorische Bedeutung gelegt. Virgil z. B. ist im buchstäblichen Sinn genommen (literaliter loquendo) der römische Dichter, der zur Zeit des Julius Cäsar geboren wurde, dessen Vater ein Töpfer, und dessen Mutter Maja aus Pietola im District von Mantua war, und im bildlichen (persona figurata) die vernünftige Philosophie (rationalis philosophia); er erscheint Dante als heiser, weil dessen Ohren noch nicht für die Philosophie geöffnet waren (p. 35). Der Veltro ist nicht, wie manche sagen, der Antichrist (vielmehr der Christ, wie wir gesehen haben), sondern bedeutet die künftige Gerechtigkeit, und seine Herkunft tra feltro e feltro ist nicht, wie manche sagen, zwischen Stadt Feltre und Berg Feltro, sondern zwischen Himmel und Himmel oder zwischen Filz und Filz: id est quod talis vir virtuosus et dux natus erit ex matre et patre non contextis et conjunctis, ut est pannus et tela, sed ex disjunctis et solutis, ut feltrum, in quo non est tela, et sic erit naturalis et de vili natione (p. 44); übereinstimmend mit Lana I, 114 und Ottimo (I, 10). An andrer Stelle zu Purgat. XXXIII, 43 bemerkt der Commentator, dass der Dichter den künftigen Dux und Gesandten Gottes zu dem Zeitpunkt der Conjunction des Jupiter und Saturn im J. 1344 oder 1345 erwarte (p. 532 cum videat jam per conjunctionem, quae erit forte 44 praesentis millesimi sive quinto dominari quemdam ducem): dies war für den im J. 1340 schreibenden Commentator ein noch bevorstehendes Ereigniss.

Derselbe bekundet seine Gelehrsamkeit vorzugsweise auf dem Gebiet der Mythologie und der römischen Dichtung, weniger auf dem der Geschichte. In seinem kurzen Auszug aus der römischen Geschichte zu Parad. VI benutzt er Livius, Valerius, besonders Lucan, und beschliesst die Reichsgeschichte, indem er unmittelbar von Karl dem Grossen auf die Gibellinen und Guelfen übergeht, deren Namen er so erklärt: quomodo Gebellini dicti a Gebellinghis; nam stirps de Stof de Alemannia trimembris erat, scilicet de Stof, Gebellinghis et Braginae-(?); et ab ista prosapia ita dicta contra eos se opposuit quidam baro ad instantiam ecclesiae, nomine Guelf.

Sehr wenig ist aus ihm für die Geschichte von Florenz zu gewinnen. Wohl kennt er, gleichwie die früheren Commentatoren, die herkömmliche Legende von der Belagerung von Fiesole durch Metellus und Florinus, wobei der letztere im Kampfe blieb, und von der Einnahme der Stadt durch Cäsar, welcher Florenz gründete und einrichtete (p. 93. 176. 588); missverstanden ist jedoch Dante's Unterscheidung der in Florenz zurückgebliebenen echten Römer von den hereingezogenen Fiesolanern (Inf. XV, 73), wo der Commentator gerade die römische Hälfte von den Fiesolanern, die andere von den Fremden herleiten will (p. 93). Bezüglich der Weissen und Schwarzen in Florenz begeht er bei der Stelle Inf. VI, 65 den gleichen Fehler wie Lana, wo er unter parte selvaggia nicht die Weissen oder die Cerchi, welche der Dichter offenbar gemeint hat, sondern die guelfische Gegenpartei versteht: et dicta pars silvestris sic dicta, quia recusat parere ut animal silvestre domino suo, scilicet principi Romano, prout debet (p. 93), vergl. Lana I, 166: Intende qui parte selvaggia la parte guelfa che è contra l' imperio, lo quale è regolatore della civiltade, während Ottimo ganz richtig erklärt: la parte peccatrice, che non vive civilmente — intende, che la parte bianca caccierà l'altra. Von Attila weiss der Commentator, wie der Anonimo (des L. Vernon) und Ottimo, dass er 24000 Florentiner umbrachte, und wie Lana, dass er in Rimini umkam (p. 155).

Das mehrfache Zusammentreffen mit Lana macht die Benutzung desselben durch den späteren Commentator wahrscheinlich; doch weiss dieser bisweilen mehr als jener. Warum der Dichter Inf. XV, 67 sagt, dass der alte Ruf die Florentiner blind nennt, findet sich weder von Lana noch auch im Ottimo erklärt: das Richtige bringt mit ein paar Worten Pietro di Dante: quia semel Pisani in divisione spoliorum cum Florentinis fienda eos deceperunt (p. 176), vgl. über die Geschichte Villani IV, 31. Zu den Worten des Dichters Parad. XVI, 64: a Simifonte là dove andava l'avolo alla cerca, erwähnt er (p. 658) die Uebergabe des genannten Castells an die Florentiner durch den Verrath eines Bauern von San Donato, welcher zum Lohn dafür für sich und seine Nachkommen Steuerfreiheit erhielt, vergl. Villani V, 30, und beweist seine Kenntniss von der Milizverfassung der Republik durch die eigenthümliche Deutung: cerca, id est assignatione, quando villici vocantur ad sua signa et vexilla in exercitu Florentiae, talis hodie est civis qui volvisset se ad cercam Semiphontis; es wurde nämlich die Volksbewaffnung in Florenz zur Aufrechthaltung der s. g. Ordnungen der Gerechtigkeit schon 1295 auch auf das Weichbild und das Gebiet der Republik ausgedehnt, s. meine Abh. über diese Ordnungen, Erl. 1867, S. 21. Der Autor, der sich für Pietro di Dante ausgibt, war also jedenfalls mit den florentinischen Dingen gut bekannt. Möglich wohl, dass er auch schon den Villani gekannt hat, so weit dessen Chronik bis 1348 schon vor 1340 veröffentlicht war.

7. Il Commento di Giovanni Boccaccio — per cura di Gaetano Milanesi. Vol. 1—2. Firenze 1863.

Das letzte Werk, welches der grösste italienische Prosaiker des 14. Jahrhunderts am Ende seines Lebens verfasst hat und unvollendet hinterliess, sind die Vorlesungen über die göttliche Komödie, welche er im Herbst 1373 in der Kirche St. Stefano zu Florenz gehalten hat, nachdem er zu diesem Zweck von der Signorie der Republik berufen worden*) — 60 an der Zahl, von welchen die letzte nach dem Anfang der Erklärung zu Inferno XVII abbricht. Die Zeit der Abfassung ist demnach das Jahr 1373, wie auch der Autor selbst gelegentlich angibt, Lez. VI p. 193: perciocchè sono MCCCLXXIII anni che egli (Cristo) nacque.

Die erste Vorlesung handelt im allgemeinen über Inhalt und Form des Gedichts, über den mehrfachen Sinn, Zweck und Titel desselben, über den Dichter selbst, zuletzt über den Begriff des Inferno. Man erkennt darin zum Theil wörtliche Benutzung des schon erwähnten Widmungsbriefs von Dante an Can Grande della Scala, wie besonders in dem, was über den buchstäblichen und allegorischen Sinn, über den Endzweck des Gedichts, welcher sei, die Lebenden aus dem Stande des Elends zu dem der Seligkeit hinzuführen, über den Titel Komödie, dass er sich nicht auf die Form, sondern den Inhalt beziehe, gesagt ist. Auch noch an anderer Stelle ist von diesem Brief Gebrauch gemacht, wo Boccaccio in der 5. Vorlesung (p. 154) als Beispiel der buchstäblichen und der allegorischen Bedeutung den Vers: In exitu Israel de Aegypto anführt und erklärt. Daraus, dass der Autor Dante's Brief nicht ausdrücklich citirt, folgt weder, dass er ein unerlaubtes Plagiat im heutigen Sinne begangen hat, noch im anderen Fall, dass jener Brief erst nachträglich gefälscht worden ist (wie Landau S. 238 das Dilemma stellen will). Die schriftstellerische Uebung in jener

---

*) Vergl. M. Landau, Giov. Boccaccio, sein Leben und seine Werke, insbesondere über den Commentar S. 233—243.

Zeit nahm es mit der Unterscheidung des geistigen Eigenthums andrer, welches man für seinen Zweck verwendete, durchaus nicht so genau, wie wir schon bisher an zahlreichen Beispielen gesehen haben, und noch weiter bei Boccaccio selbst und anderen sehen werden. Dass Dante's Brief wirklich schon viel früher existirte, beweist die bereits erwähnte Benutzung desselben durch Pietro di Dante (s. S. 26), wie auch seine Echtheit aus jeder Zeile durch den unnachahmlichen Stil des Dichters hervorleuchtet. Mit dem Commentar des Pietro di Dante hat Boccaccio aber auch sonst manches gemein, so dass an seiner Bekanntschaft mit demselben nicht zu zweifeln ist. Ganz so wie dort, werden auch hier vier Ursachen des Gedichts nach der scholastischen Terminologie aufgeführt: la causa materiale, la formale, la efficiente e la finale, der Autor selbst als causa efficiente bezeichnet, und dessen Name von dare abgeleitet: perciocchè ciascuna persona la quale con liberale animo dona di quelle cose, le quali egli ha di grazia ricevute da Dio, puote essere meritamente appellato Dante (p. 89), mit Berufung auf die Anrede der Beatrice: Purgat. XXX, 55: Dante, perchè Virgilio se ne vada, wo Pietro di Dante die gleiche Namensdeutung, wenn auch mit anderer Anwendung gibt (p. 513). Uebrigens unterscheiden sich Boccaccio's Vorlesungen auf sehr vortheilhafte Weise von jenem Commentar, indem sie sich fast ganz frei halten von allem scholastischen Beiwerk und viel mehr auf das Gedicht selbst eingehen. Dafür fehlt es ihnen nicht an anderer Zuthat.

Vor allen älteren Commentatoren miteinander hat Boccaccio den grossen Vorzug eines wahrhaft dichterischen Verständnisses, welches überall dem poetischen Ausdruck gerecht wird und ihn aufs beste ins Licht stellt; und wie sein Werk die Geistesrichtung, Bildung und Geschmack des zuerst auflebenden italienischen Humanismus aufzeigt, hat es auch neben Dante's Komödie selbst nach mehr als einer Seite hin selbständige Bedeutung.

Das Hauptgewicht legt Boccaccio bei seiner Erklärung auf die allgemein menschliche und moralische Tendenz, während er sich so gut wie gar nicht berührt zeigt durch die grossen Parteigegensätze der damaligen Welt und die kleinen der italienischen Communen, worin Dante lobte und webte. Der römischen Kirche gegenüber sichert er sich gleich anfangs in der Einleitung, wie um sich ein für alle mal mit ihr abzufinden — ganz nach Sinnesart der italienischen Humanisten — eine völlig gedeckte Stellung durch den Vorbehalt: ‚wenn er etwa unbedachtsamer Weise oder aus Unkenntniss etwas sagen sollte, was mit der katholischen Wahrheit nicht völlig übereinstimme (fosse meno che conforme), so nehme er dies schon jetzt zum voraus zurück und unterwerfe sich der Zurechtweisung der heiligen Kirche' (Lez. 1 p. 91). Nicht befangen durch die Vorliebe für sein Italien und nicht ergriffen von dem patriotischen Schmerz und dem heiligen Zorn, welchen Dante über dessen Unglück und Schmach empfand, stellt Boccaccio die kühle historisch philosophische Betrachtung an, der wir später wieder bei Machiavelli begegnen, dass Religion und Wissenschaft, Waffen und weltliche Macht, wie einst von den Assyrern und Persern auf das macedonische und das römische Reich, so nun auf die Deutschen und Franzosen übergegangen seien, ja sogar nach England überzugehen drohen (Lez. 6 p. 92: essendo appo i Tedeschi e appo i Galli, e par già che il cielo ne minacci di portarle in Inghilterra).

Der Commentar lässt bei der Auslegung der einzelnen Gesänge die Erklärung der Worte und Sachen vorausgehen und hierauf die Allegorie oder die Anwendung auf das allgemein Menschliche folgen. In der Allegorie des 1. Gesangs werden die drei Thiere, wie gewöhnlich, auf Sinnenlust (sensualità, lussuria), Hochmuth und Habsucht gedeutet, noch allgemeiner aber als Fleisch, Welt und Teufel aufgefasst, und weit entfernt in der drastischen Beschreibung der Wölfin eine Anspielung auf die römische Curie zu erkennen, verflüchtigt sich bei Boccaccio das Sinnbild des Windhunds, der zum Heil Italiens kommen wird, in den allgemeinen Gedanken einer himmlischen Constellation, welche dem Menschengeschlecht die Tugend der Freigebigkeit einprägen und es vor dem Laster des Geizes bewahren wird, gleichwie der Hund der Wölfin Feind ist. Weiterhin sind die Allegorien der Ort, wo sich der Autor in lebendigen Sittenschilderungen von der Zügellosigkeit der Zeitgenossen in Fleischeslust, schamloser aus der Fremde herübergenommener Kleidertracht, Prunk der Gastmähler u. s. w. (Lez. 22. 25 u. a. O.) ergeht, und wo er die Vorwürfe des Dichters gegen die Florentiner in diesen Beziehungen sogar noch verschärft, oder gelegentlich auch seinem Weiberhass Luft macht, womit er jedem verständigen Mann aus vielen Gründen das Heiraten abrathen will (Lez. 58): — man erkennt in dem Bussprediger nicht mehr den leichtfertigen Novellenerzähler des Decamerone, mit dem er selbst in seinen alten Tagen allerdings nichts mehr gemein haben wollte, ausgenommen die Liebe zur Poesie, die er gegen ihre Verächter, und wären sie selbst Plato und der heilige Hieronymus, in Schutz nimmt (Lez. 31), und die Liebe zu dem unsterblichen Ruhm, den sie verschafft, wovon er als glänzendstes Beispiel seinen Freund und Meister Petrarca hinstellt (Lez. 57).

Gegenüber seinen Vorgängern hält sich der Commentator Boccaccio möglichst unabhängig; er hat wohl einzelnes von ihnen entlehnt, nirgends aber wörtlich aus ihnen abgeschrieben. Die Benutzung des Dante'schen Widmungsbriefs, wie des Commentars von Pietro di Dante wurde bereits erwähnt. Auch mit Lana und Ottimo zeigt sich anderes verwandt: man vergleiche z. B. die Nachricht über die Gräber von Arles und die Schlacht des Wilhelm von Orange I, 185, mit Lana I, 206, über Papst Anastasius und Photin I, 246, mit Ottimo I, 199. Wo der Autor selbst sich auf seine Vorgänger bezieht, ohne aber auch nur einen zu nennen, geschieht es entweder nur um Widerspruch zu erheben, wie z. B. gegen die Meinung, dass unter dem Windhund im ersten Gesang Christus oder der Mongolenchan zu verstehen sei, oder er beschränkt sich darauf, ihre Ansicht kurz zu referiren, wie z. B. dass der che fece per viltate il gran rifiuto Inf. III, 60 nicht Papst Cölestin V, sondern Esau sein solle.

Boccaccio beherrschte wie Dante und selbst noch mehr als dieser das ganze Gebiet des römischen Alterthums und die hierauf bezügliche Literatur des Mittelalters. Auch die Kenntniss der griechischen Literatur wurde ihm durch seine neugriechischen Lehrer, besonders Leo Pilatus, den er öfters nennt, vermittelt. Aus diesen Quellen schöpfte er die alte Mythologie, wie in seinem Werk De genealogia Deorum (über dessen Quellen s. Landau a. a. O. S. 194), so in dem Commentar, und nicht minder die alte Geschichte. Doch verschmäht er daneben auch nicht Sagen und Fabeln des Mittelalters, wie z. B. von Virgils Wunderthaten in Neapel (Lez. 2, I, 121), wiewohl er bisweilen, wo er die bessere Quelle kennt, seine Kritik gegen sie übt, wie z. B. bei der Geschichte des Attila, welche er nicht nach der florentinischen Legende erzählt, sondern aus Historia miscella, die er als Paulus Diaconus citirt, entnimmt (Lez. 47, II, 305).

Was die Geschichten, Personen und Dinge von Florenz betrifft, so brauchte Boccaccio, welcher dort selbst zu Hause war, nicht die Hülfe der früheren Commentatoren, und er hatte bereits, wie sie nicht, seinen Giovanni Villani. Die Chronik des letzteren liegt überall als Quelle zu Grunde, wo er die Zeitgeschichte des Dichters erläutert: so z. B. über die Abdankung des Papstes Cölestin V und die Intrigue seines Nachfolgers, Lez. 9 vergl. Villani VIII, 5; die genauen Daten der zweimaligen Vertreibung der Guelfen aus Florenz, Lez. 40 (II, 228) vergl. Vill. VI, 33. 79; über den Parteienkampf der Schwarzen und Weissen, wo er ausdrücklich einmal auf Villani hinweist: chi queste istorie vuole pienamente sapere, legga la Cronica di Giovanni Villani, periocchè in essa distesamente si pone, Lez. 24 (II, 12) vergl. Vill. VIII, 39—43.

Nur von der alten Fabel über die Gründung von Fiesole durch Attalante will Boccaccio nichts wissen, weil er davon in keinem glaubwürdigen Buch gelesen (Lez. 14, I, 342), wie er trotzdem sagt, dass sie auch bei Villani (I, 7) vorkommt; übrigens gibt er doch an anderer Stelle aus dieser Chronik in aller Kürze die Sage über die Gründung von Florenz und den Krieg der Florentiner und Fiesolaner bis zur Einverleibung der letzteren in die Stadt, freilich mit dem Beisatz secondo chè alcuni vogliono — dicono (II, 411, Lez. 56).

Boccaccio, im J. 1313 zu Certaldo unweit Florenz geboren, konnte aber auch noch Zeitgenossen, Freunde und Angehörige des Dichters befragen. So hörte er von einem Vertrauten Dante's aus seiner letzten Lebenszeit zu Ravenna, dass dieser das 56. Lebensjahr überschritten hatte, als er daselbst starb (I, 104, Lez. 2). So liess er sich in Florenz von einem Neffen des Dichters, Andrea Poggi, welcher eine merkwürdige Aehnlichkeit in Gesichtszügen und Gestalt mit seinem Oheim besass, Mittheilungen über dessen Lebensweise machen und auch jene unwahrscheinliche Geschichte erzählen, wie Dante bei seiner Flucht aus Florenz die 7 ersten Gesänge der göttlichen Komödie im Hause zurückgelassen habe, wo sie später zufällig wieder aufgefunden und ihm nach Lunigiana seien zugeschickt worden, wovon man eine Andeutung in den Anfangsworten Inf. VIII: Io dico seguitando, finden wollte — eine Erzählung, welche mit unwesentlichen Modificationen ihm auch Ser Dino Perini, der den Dante persönlich gekannt hatte, bestätigte (Lez. 33). Die anmuthige Novelle von der schönen und tugendhaften Gualdrade, Tochter des Bellincion Berti, welche der Kaiser Otto IV im Dom zu Florenz sah und die er dem Grafen Guido vermählte, verdankte Boccaccio einer Mittheilung des ehrwürdigen Coppo di Borghese Domenichi (Lez. 58, II, 434): übrigens kannten sie auch schon Ottimo (I, 299) und Villani (V, 37). Und noch höheren Ursprung hat eine andere wunderliche Erzählung des Messer Luigi Gianfigliazzi, der sie von Kaiser Karl IV gehört haben wollte, über den Ursprung der Guelfen und Gibellinen von zwei deutschen Baronen, Gulfo und dem mit ihm verwandten Gibellino, von welchen der erstere bei seiner Vermählung mit der Markgräfin Mathilde durch die Zauberkünste des letzteren, der auf Gulfo's Glück neidisch war, zuerst impotent gemacht und nachher auch vergiftet wurde (Lez. 40, II, 225). Besser unterrichtet zeigt sich Boccaccio über die in der Komödie genannten Florentiner: mehr selbst als Ottimo weiss er von dem witzigen Schmarotzer Ciacco (II, 8), dem jähzornigen Cavalier Filippo Argenti (II, 150), von Dante's Freund Guido Cavalcanti (II, 230), seinem berühmten Lehrer Ser Brunetto Latini (II, 405) und noch anderen zu berichten.

8. **Chiose sopra Dante. Testo inedito.** Firenze, Piatti 1846 (gleichfalls von dem verdienten Dantefreund Lord Vernon auf seine Kosten herausgegeben).

Der sogenannte falsche Boccaccio. Dem Abdruck ist eine Handschrift aus dem 15. Jahrh. (Riccard. nr. 1028) zu Grunde gelegt, worin Boccaccio als Autor genannt ist. Von einer andern Hs. aus dem 14. Jahrh. (Riccard. 1037), die aber nur das Inferno enthält, sind die Varianten unter dem Text angegeben, von einer dritten, gleichfalls aus dem 14. Jahrh. (Magliabech. I nr. 4), welche die abgedruckte sowohl an Correctheit und Vollständigkeit, wie durch die Priorität des Alters übertrifft, dem Herausgeber aber leider erst später bekannt wurde, sind die Abweichungen und Vermehrungen im Anhang nachgetragen; noch mehrere zumtheil unvollständige Hss. finden sich bei C. de Batines I, 640 ff., beschrieben.

Voran gedruckt ist eine von Luigi Rigoli 1829 in der Crusca gehaltene Vorlesung, worin gegen Lami und Mazzuchelli, welche beide das Werk für eine Jugendarbeit des Boccaccio erklärt hatten, aus Stil, Diction und Abfassungszeit, bewiesen wird, dass Boccaccio nicht der Verfasser sein könne. Einen nicht minder triftigen Beweis liefert von Anfang bis zu Ende der Inhalt der Glossen.

Die Abfassungszeit ist, wie schon Rigoli bemerkt hat, an zwei Stellen als das Jahr 1375 angegeben: p. 82, wo es von den aus Florenz vertriebenen Gibellinen heisst: et allora infino a questo punto cioè MCCCLXXV non vi tonrarono nessuno (im Druck steht MCCLXXV, aber Hs. Magliab. hat noch das dritte C) und p. 692, wo Karl IV als gegenwärtig regierender Kaiser genannt ist: il quale Charlo regnava ora (lies regna ora) nel MCCCLXXV ed è stato più anni per addietro. Als dritte Stelle füge ich hinzu aus Hs. Magliab. (im Anhang) p. 781: i Bisconti signori di

Melano e sono di sino al dì d'oggi cioè nove di gennaio a mille trecento settanta quattro (nach florentinischer Datirung entsprechend Jan. 1375).

Somit sind diese Glossen nur zwei Jahre später als der Commentar des Boccaccio und wenige Jahre vor dem von Benvenuto von Imola geschrieben: übrigens geben sie nicht eine vollständige, sondern nur stellenweise Erklärung der einzelnen Gesänge.

Bemerkenswerth ist vor allem ihre originale Beschaffenheit. Zwar bezieht sich der Autor bisweilen, wie z. B. bei dem Veltro, auf verschiedene Meinungen, aber es lässt sich doch nicht die Benutzung eines uns bekannten älteren Commentars in wörtlicher oder sachlicher Uebereinstimmung erkennen.

Dass Dante im Anfang des Gedichts mit der Mitte unseres Lebensweges das Alter von 35 Jahren meine, findet sich bei Lana, Ottimo und Boccaccio angemerkt; doch erwähnt Ottimo auch die andre Annahme von $33^1/_2$ Jahren mit Bezug auf das von Christus erreichte Lebensalter, wie sich dies in den dem Jacopo di Dante zugeschriebenen Glossen findet. Die Glosse des falschen Boccaccio bemerkt kurzweg, ohne Angabe des Grundes, der Dichter habe seine Reise im Alter von 33 Jahren angetreten.*) Die Allegorie der drei Thiere ist wie gewöhnlich auf die drei Hauptlaster, lussuria, superbia, avarizia, bezogen; die Sonnenstrahlen auf der Höhe bedeuten die Tugend; Virgil, der als Retter erscheint, das Studium seines Gedichts. Ueber den Veltro sind verschiedene Meinungen, es sei ein Kaiser, der zu Rom residiren und die schlechten Hirten vertreiben werde, oder Christus als Weltrichter, oder ein gerechter und heiliger Papst, unter welchem auch seine Hirten heilig und gerecht leben werden, wobei der Glossator nur hinzufügt: ma io no'l credo, das heisst: er glaube nicht an ein solches künftiges heiliges Leben der geistlichen Hirten. In den Glossen zum zweiten Gesang sind Virgil auch als die Vernunft des

---

*) Ch' egli chominciasse nel mezzo del tempo di nostra vita cioè ch' egli avea anni XXXIII.

Dante selbst, Beatrice als die heilige Theologie, Lucia als die göttliche Gnade und zugleich die heilige Schrift, Rachel als das beschauliche Leben erklärt. Am anderen Orte, Purgat. XXXI, ist Beatrice die heilige Schrift neben Mathilde, dem thätigen Leben (p. 810 f.). Die vier grossen Dichter des Alterthums, Homer, Horaz, Ovid und Lucan, Inf. IV, sind als Repräsentanten der vier Cardinaltugenden aufgefasst (p. 29). Man sieht, die Glossen fügen ausser dem allgemein geläufigen, was nicht über die Oberfläche der Erklärung hinausgeht, nichts als willkürliche Einfälle hinzu.

Von ebenso geringem Werth erscheint der sachliche Inhalt derselben bezüglich der alten Mythologie, Literatur und Geschichte, wie der neuen italienischen und florentinischen Zeitgeschichte. Was von den Helden und Heldinnen, Dichtern und Philosophen des Alterthums zu Inf. IV erwähnt ist, beschränkt sich auf blosse Anekdoten und bekannte Legenden, wo nur einmal die Kritik gegen die Aeneis auffällt: es sei nicht wahr, dass Aeneas nach Carthago gekommen und mit Dido zu thun gehabt habe, weil jener 200 Jahre früher als diese lebte, sondern Dido habe sich verbrannt, als König Jarbas sie zur Gattin begehrte (p. 45), was der Glossator vermuthlich aus Justinus XVIII, 6 entnommen hat.

Die Bemerkung des Herausgebers im Vorwort, dass dieser Commentar unter den älteren der einzige im gibellinischen Sinn geschriebene sei, finde ich in keiner Weise zutreffend. Gibellinischer Gesinnung sind wir bei Jacopo della Lana begegnet; in diesen Glossen aber ist keine Spur weder von gibellinischer, noch von politischer Gesinnung überhaupt zu entdecken. Das Geschichtliche über Kaiser Friedrich und seine Söhne ist nichts als schlechte Legende, im Novellenton erzählt und voll von den auffallendsten Anachronismen; so die Angabe, dass Friedrich II die Gebeine des Papstes Bonifaz (der bekanntlich 53 Jahre später, als Friedrich gestorben ist) habe wieder ausgraben lassen (Inf. X p. 85), oder die absurde Erzählung von den beiden Söhnen des Kaisers, welche beide Manfred hiessen, von denen der eine, der ihm in der Regierung nachfolgte, den

Vater, als er krank war, mit einem Bettkissen erstickte, dann aber selbst, als er den Krieg gegen die Kirche in Apulien führte, von seinem Halbbruder mit einem Klystier vergiftet wurde und anderes dieser Art mehr (Purgat. III p. 302). Die grosse Exclamation Dante's über den fried- und rechtlosen Zustand Italiens in Purgat. VI gibt dem Glossator nur Veranlassung, das wunderlichste Zeug über Gothen und Lombarden vorzutragen, und gleich sinnlos stellt er der Erklärung des Paradieses die Geschichte von 14 tapferen Römern voran, welche durch den Beweis ihrer Vaterlandsliebe grossen Ruhm erlangten, unter denen als erster Brutus Cassius, und als letzter Marcus genannt, aber, wie man aus der Erzählung ihrer Thaten sieht, Junius Brutus und Atilius Regulus gemeint sind. Dem kommt gleich, dass an einer anderen Stelle Tarquinius Priscus als Gegner des Hannibal, der ihn besiegte (p. 849), aufgeführt ist! Oder, um noch ein paar Beispiele aus der italienischen Zeitgeschichte anzuführen, wenn von Kaiser Heinrich VII, der hier als re Righo di Lambergho erscheint, gesagt ist, dass zur Zeit als er starb, sein Feind Papst Bonifaz regiert habe (p. 692), oder vom Erzbischof Otto Visconti zu Mailand (der 1262 durch P. Urban IV ernannt wurde) dass er 1310 durch Cardinal Ottaviano degli Ubaldini eingesetzt worden sei (p. 781).

Besser unterrichtet zeigt sich der Glossator über die Sagen und die Geschichte von Florenz, woraus man auf seine florentinische oder toscanische Herkunft schliessen möchte. Er weiss von der Zerstörung der Stadt durch Totila, flagellum dei genannt, und dem verhängnissvollen Marsbild, welches im J. 1333 durch die Ueberschwemmung des Arno vom Ponte Vecchio weggerissen wurde (p. 113) und erzählt ähnlich wie Boccaccio (Lez. 58) die Anekdote von der Tochter des Bellincion Berti, der guten Gualdrada (p. 604 nicht zu Inf. XVI, 37, wo sie eigentlich hingehört, sondern zu Parad. XVI), und ähnlich wie Villani (V, 38) das Ereigniss von der aufgehobenen Verlobung des Buondelmonte mit einer Amidei und dem verhängnissvollen Wort des Mosca Lamberti (p. 233), desgleichen von den Kämpfen und gegenseitigen Vertreibungen der Guelfen und Gibellinen

(p. 80), von den Parteien der Weissen und Schwarzen (p. 53). Immer aber sind auch diese Erzählungen theils nur ganz allgemein gehalten, theils mit vielem Unrichtigem vermischt, so wie sie wohl in der mündlichen Tradition geläufig waren, ohne Benutzung einer besseren historischen Quelle; und es ist für die Zeit, als der Glossator schrieb, im besonderen Grad bemerkenswerth, dass er offenbar selbst nicht die Chronik des Villani gekannt, wenigstens sicher nicht unmittelbar benutzt hat, wie sich aus den Abweichungen in Daten, Namen und Zahlen ergibt; vgl. z. B. über die Schlacht bei Montaperti p. 80 mit Villani VI, 78, über das Treffen bei Pieve al Toppo p. 111 mit Vill. VII, 120 u. a. m., und wie noch mehr aus so groben historischen Missverständnissen erhellt, wie dieses, dass Messer Vieri de' Cerchi und seine mit ihm aus Florenz vertriebene Partei der Weissen die Rückkehr mit Hülfe des Carlo senza terra versucht habe, nachdem unmittelbar vorher gesagt ist, dass Corso Donati und die Schwarzen mit Hülfe des Carl Herzog von Florenz (Charlo ducha di Firenze) zurückgekehrt seien, wo also der Glossator aus dem einen Carl von Valois, dem Freunde der Schwarzen, zwei verschiedene Carl, einen ohne Land und einen Herzog von Florenz, gemacht hat! (p. 53).

Wäre nicht die Abfassungszeit der Glossen durch die wiederholte Angabe des Jahrs 1375, so wie durch die zutreffende Erwähnung von dem kurz vorhergegangenen Ereigniss des Kriegs der Florentiner gegen die Ubaldini (p. 785)[*]) gegen jeden Zweifel sicher gestellt, so möchte man eine so geringe Kenntniss der italienischen und florentinischen Geschichte bei einem nicht ganz ungelehrten Autor, der entweder in Florenz selbst oder wenigstens nicht weit davon entfernt zu Hause war,

---

[*]) I quali Ubaldini sono in quest anno istati disfacti da Fiorentini di tutte l'alpe loco, non vi tenghono più nulla, cioè furono liveri de disfare (?) del mese di nov. MCCCLXXIII; vgl. über die Eroberung der sämmtlichen Burgen der Ubaldini auf dem Apennin durch den florentinischen Feldherrn Obizzo di Cortesia da Monte Gavilli im J. 1373 das Diario d' anonimo Fiorent. in Documenti di storia Ital. T. VI Cronache dei secoli XIII e XIV p. 302.

für ganz undenkbar halten. Sein Werk ist in dieser Hinsicht gewiss eine literarische Merkwürdigkeit, sonst aber ohne allen sachlichen Werth und hätte den Aufwand des splendiden Abdrucks in keiner Weise verdient, wenn nicht in Italien alles, was im Trecento geschrieben, allein schon desshalb für werthvoll erachtet würde.

9. Commentum magistri Benevenuti de Imola super Dantem Allegherii di Florentia.

Das lateinische Werk des Benvenuto von Imola ist in zahlreichen Handschriften vorhanden, unter welchen am meisten die Estensische zu Modena vom J. 1408 geschätzt wird (s. die Hss. Beschreibung bei C. de Batines II, 303—314), aber nur auszugsweise, so weit es historischen Inhalts ist, als Excerpta historica durch Muratori, Antiquitates Italicae I p. 1034—1298 bekannt gemacht worden. Die vollständige Ausgabe, welche Lord Vernon mit Nannucci's Hülfe beabsichtigte, ist nicht zur Ausführung gekommen. Statt dessen ist nur eine italienische Uebersetzung des Werks in 3 Bänden, Imola 1855, erschienen, wobei der Uebersetzer Giovanni Tamburini nichts als eine Abschrift des schon von Muratori benutzten Estensischen Codex gebraucht hat, die um so weniger das Original ersetzen kann, als sie sich im einzelnen als unzuverlässig erweist. Indessen kann man hiernach doch den Commentar des Benvenuto im ganzen beurtheilen und bezüglich des Historischen, worin besonders der Werth desselben liegt, genügen meist schon die von Muratori gegebenen Auszüge.

Benvenuto da Imola, Rambaldi, wie er mit dem Familiennamen heisst,*) ist anderweitig durch eine historische Schrift Liber Augustalis, ein kurzes und völlig unbedeutendes Compendium der Kaisergeschichte bis auf K. Wenzel (gedruckt bei Fre-

---

*) Dieser ist ihm in einigen Hss. aus dem 15. Jahrh. beigelegt, s. de Batines a. a. O. no. 11. 12.

her-Struve Scriptores II, 1—20), so wie durch seine Beziehungen zu Petrarca aus dessen Briefen bekannt: vergl. das Vorwort von Tamburini, wo noch andere ungedruckte Schriften desselben Autors über Valerius Maximus, über die Pharsalia des Lucan angeführt sind. In seinem Dante-Commentar gibt er selbst gelegentlich Nachricht über seine Herkunft aus Imola, wo sein Vater Magnus Compagnus Vorlesungen hielt (Murat. 1273)*) und über seinen Aufenthalt in Bologna, mit dessen Sitten und Sprache er darum, wie er sagt, gut genug bekannt sei, quia fui ibi per decennium (Mur. 1073): woraus zu schliessen, dass er zur Zeit nicht mehr dort war, als er sein Werk schrieb. Dieses ist dem Markgrafen Nicolaus II von Este (gestorben 1388), auf dessen Anregung Benvenuto auch die erwähnte Cäsarengeschichte verfasste, gewidmet und beginnt mit einer geschichtlichen Ausführung über dessen Vorfahren zum Ruhm seines Hauses. Mit grosser Verehrung spricht der Autor von dem berühmtesten Dichter der Zeit Petrarca (Mur. 1192 und öfter) und mit noch grösserer Liebe von seinem theuren Lehrer Boccaccio (ib. 1277: Joh. Boccaccius verius bucca aurea, venerabilis praeceptor meus diligentissimus), welche beide bereits verstorben waren. Denn wenn auch Benvenuto schon 1375, in welchem Jahr Boccaccio aus dem Leben schied (21. Dec.), zu Bologna über Dante gelesen hat (nam in 1375 dum essem Bononiae et legerem istum librum, Mur. 1063), so fällt doch die Abfassung des Commentars erst in das Jahr 1379, wie aus einer anderen Stelle zum Inferno hervorgeht (Mur. 1070): wo auf das Ereigniss der Zerstörung der Engelsburg zu Rom de praesenti anno, d. i. im J. 1379 (nicht 1389, wie der Text bei Muratori und ebenso die Uebersetzung von Tamburini unrichtig hat,**) vgl. Gregorovius Gesch. der Stadt Rom VI, 504) Bezug genommen ist, während noch an einer anderen auf den

---

*) Quae audivi ab optimo patre meo Magno Compagno, qui diu legit tam laudabiliter etc. Der Name des Vaters findet sich nicht anderweitig erklärt.

**) In der Uebersetzung sind daneben gerade die wichtigen Worte de praesenti anno übergangen.

als Gegenpapst am 21. Sept. 1378 gewählten Robert von Genf, Clemens VII, hingedeutet wird (Mur. 1078: et certe hodie est dignissimum et sanctissimum, quum cuidam antipapae Gebennensi viro omnium vitiosissimo etc.*) Somit ist dieser vollständige Commentar nur wenige Jahre auf den unvollendeten von Boccaccio gefolgt.

Das innere Verhältniss des Commentators Benvenuto zu dem Gedicht ist ein völlig anderes als wie der bloss moralische Standpunkt des Boccaccio, welcher sich hinsichtlich seiner Rechtgläubigkeit gegenüber der römischen Kirche verwahren zu müssen glaubte. Zwar steht auch er den politisch kirchlichen Parteigegensätzen zur Zeit Dante's schon fern genug, um nicht persönlich davon berührt zu werden. Er bemerkt, dass der Dichter aus einem Guelfen ein Gibellin geworden sei, und citirt dazu Boccaccio De vita et moribus Dantis, findet aber lächerlich den Ausspruch eines Parteimanns, dass Dante sein Gedicht nicht hätte schreiben können, wenn er nicht Gibellin geworden wäre (Mur. 1045). Doch als Guelfe ist Benvenuto darum noch nicht anzusprechen, weil er über Kaiser Friedrich II dasselbe ungünstige Urtheil ausspricht, wie es sich in Italien zu seiner Zeit festgesetzt hatte, z. B. peperit (Constantia) terribile monstrum scil. Fridericum II, hostem implacabilem ecclesiae (zu Parad. VI Mur. 1237). Denn auf der andern Seite vertheidigt er doch wieder den Dichter bei jeder Gelegenheit gegen allerlei Anklagen oder Verdächtigungen bezüglich seines kirchlichen Glaubens oder seines sittlichen Lebens und scheint sich im vollkommenen Einklang mit ihm zu befinden bei dessen Verdammungsaussprüchen über die ausgeartete Geistlichkeit und die schlechten Päpste. Von der Stärke seines eigenen sittlichen Eifers nach dieser Seite hin hatte er selbst den Beweis gegeben, dass er, als er zu Bologna über Inferno XV las und das dort von dem Dichter gebrandmarkte Laster der Sodomie besonders bei der Geistlichkeit der Stadt sehr verbreitet fand,

---

*) Auch diese bedeutsame Stelle ist in Tamburini's Uebersetzung I, 468 ausgelassen!

bei dem Cardinallegaten davon Anzeige machte und die Bestrafung der Schuldigen veranlasste, wodurch er begreiflicher Weise, wie er hinzufügt, grossen Hass auf sich lud (Mur. 1063). Und bei dem schmerzlichen Ausruf des Dichters über das Unglück des durch die Parteien zerfleischten Italien, Purgat. VI, ergeht sich der Commentator gleichfalls in den stärksten Ausdrücken über den päpstlichen wie über den kaiserlichen Hof, welche, gleich wie die feile Dirne den Leib, die Freiheit Italiens verkaufen, so dass alle barbarischen Nationen ihre Lust an ihm ausüben, ja er nennt sogar die Zeit des Dichters eine noch verhältnissmässig ruhige und glückliche im Vergleich mit der seinigen, auf welche in Wahrheit das Wort Virgils zur Anwendung komme: Crudelis ubique luctus, ubique pavor et plurima mortis imago. Wann werde doch endlich der Windhund erscheinen? (Mur. 1167).

Selbstverständlich hat Benvenuto den Commentar des von ihm so hoch verehrten Boccaccio, so weit er reichte, benutzt; um so auffallender ist, dass er denselben nirgends erwähnt, selbst dort nicht, wo er doch die anderen Schriften Boccaccio's: De genealogiis Deorum, De casibus virorum illustrium, De mulieribus claris, De fluminibus, Bucolica (Mur. 1277), De vita et moribus Dantis und den Decamerone der Reihe nach aufführt (Mur. 1163). Wohl auf mündliche Aeusserungen und Mittheilungen seines geliebten Lehrers beruft er sich öfter, z. B. bezüglich des Pantherthiers, das lebendig in Florenz zu sehen war (Mur. 1037), oder über seinen Aufenthalt in Monte Cassino, wo er die werthvolle Bibliothek im traurigsten Zustand fand (Mur. 1296): aber kein Wort von seiner letzten Schrift, dem Commentar! Nichtsdestoweniger ist die Benutzung desselben, sei es aus der schriftlichen Abfassung, oder aus den Vorträgen zu Florenz, unzweifelhaft. Aus ihm ist genommen, was in der Einleitung über Tragödie, Komödie und Satire gesagt ist, weiter die Erwähnung, dass Dante sein Gedicht zuerst habe lateinisch abfassen wollen, wozu die drei ersten Verse in lateinischer Version als Probe gegeben sind und warum er von solchem Vorhaben wieder abgegangen sei (vgl. Bocc. Lez. 1 am

Schluss), wobei aber Benvenuto nicht seine Quelle, sondern nur die von Petrarca gegen Boccaccio gethane Aeusserung citirt, dass der Dichter wohl alles, was er gewollt, auch wirklich vermocht hätte (Mur. 1038). Ebenso wiederholt er aus gleicher Quelle zu Anfang von Inf. VIII die schon oben erwähnte Erzählung von der Wiederauffindung der 7 ersten Gesänge zu Florenz nach Dante's Verbannung (Mur. 1042), und an anderem Ort einen Charakterzug des Brunetto Latini aus dessen Leben (Mur. 1059 vgl. Bocc. II, 406) und noch anderes mehr. Die constante Uebung der Commentatoren sich dasjenige, was ihnen bei ihren Vorgängern gefiel, ohne weiteres anzueignen, gereicht dem Benvenuto wenigstens nicht zum besonderen Vorwurf.*)

Uebrigens bewahrt derselbe bei der Auslegung der Divina commedia auch dem Boccaccio gegenüber seine Selbständigkeit. In der allegorischen Erklärung der drei Thiere im ersten Gesang, als lussuria, superbia und avarizia, stimmt er zwar mit ihm, wie mit den älteren Commentatoren überein, nimmt aber die Deutung des Windhunds auf Christus, welche jener ausdrücklich verworfen hatte, unter den tausend hierüber bereits vorgebrachten Meinungen (mille sono le opinioni e contese in proposito) wieder auf, freilich nur so, dass man ebenso gut wie Christus sich einen andern künftigen Fürsten denken könne, denn der Dichter habe seine Prophezeiung absichtlich dunkel gehalten, gleichwie Virgil die von der Wiederkehr des goldenen Zeitalters (Tambur. I, 49). Bei den Worten: Inf. III che fece per viltate il gran rifiuto, zieht er entschieden die Deutung auf Esau vor — secondo i migliori interpreti (Tambur. I, 98) — denn an den im J. 1313 heilig gesprochenen P. Cölestin V sei doch gar nicht zu denken! Die besseren Ausleger, welche hier gemeint sind, kennen wir nicht; die alten Glossen, Lana, Ottimo, Pietro di Dante verstehen alle keinen andern als den Papst trotz seiner Heiligkeit, und auch Boccaccio neigt zu derselben Ansicht, indem er den Dichter entschuldigt, welcher dies vor der Heiligsprechung des Cölestin

---

*) Vergl. o. S. 30 und u. S. 48.

geschrieben habe, aber vorsichtig hinzusetzt: freilich sei es jetzt, nach derselben, nicht mehr erlaubt zu glauben; nur so lässt er auch die andre Deutung auf Esau offen.*)

Ohne Zweifel hat Benvenuto unter seinen Vorgängern namentlich die Bolognesen, den Kanzler Ser Graziuolo und Jacopo della Lana, gekannt. Doch vermag ich eine nähere Verwandtschaft mit letzterem nicht nachzuweisen. Vielleicht verdankt er ihm hie und da eine unbedeutende Einzelheit, wie z. B. bezüglich der Sage über die Schlacht der Christen und Heiden bei Arles, Inf. IX, 112, wo die Leichen der gefallenen Christen durch vom Himmel beschriebene Zettel kenntlich gemacht wurden, während die übrigen Commentatoren anderes davon berichten. Doch folgt er auch dem Lana gegenüber gern seiner eigenen, wenn auch nicht gerade besseren Meinung; wie z. B. bei der Auslegung der grossen Allegorie in Purgat. XXIX, wo er, abweichend von den übrigen, in den beiden Alten, welche dem Triumphwagen der Kirche folgen, nicht St. Lucas, als Verfasser der Apostelgeschichte und St. Paul, als den der Briefe, sondern schlechthin St. Petrus und St. Paulus und in dem Greis der ‚schlafend, doch mit sinnigem Antlitz' den Schluss macht, nicht den Autor der Apokalypse, sondern den h. Bernhard erkennen will (Tamb. II, 576 s.).

Der eigenthümliche Werth des Commentars besteht besonders in seinem historischen Inhalt, worin er seine Vorgänger mit einer Fülle von Nachrichten über Personen und Ereignisse aus der Zeit des Dichters übertrifft. Benvenuto ist unter den Commentatoren Dante's der Historiker, wie Pietro di Dante der Scholastiker: vorzugsweise aus ihm haben daher die neueren Ausleger die historische Erklärung des Gedichts geschöpft. Da aber Benvenuto selbst der Zeit des Dichters fern stand, auch nicht Florentiner war oder zu Florenz lebte, so konnte er seine

---

*) Neuerdings hat sich noch Göschel, Dante-Jahrbuch I, 103 ff. ‚Nicht Cölestin' gegen die fast allgemeine Annahme erklärt: wer aber möchte wohl seine Deutung auf einen unbekannten abtrünnigen Weissen vorziehen?

Nachrichten nicht aus der dort einheimischen Tradition, sondern nur aus den ihm zugänglichen schriftlichen Quellen entnehmen, und man braucht nicht weit zu suchen, um als seine Hauptquelle die Chronik des Giovanni Villani zu erkennen.

Dies gilt zunächst für die florentinische und andere Zeitgeschichte. Die historische Erklärung zu Inf. VI (Mur. 1040) über die Parteien der Weissen und Schwarzen und die Ankunft des Carl von Valois ist wörtlich excerpirt aus Villani VIII, 39—49; zu Inf. X über Farinata degli Uberti (Mur. 1046) aus Vill. VI, 81; zu Inf. XIII über das Treffen bei Pieve al Toppo im J. 1288 (Mur. 1054 wo unrichtig das J. 1278 steht) aus Vill. VII, 120, und so überall, wo von florentinischen Dingen die Rede ist. Aber auch die Geschichte des Grafen Ugolino von Pisa Inf. XXXIII (Mur. 1140) ist nur aus Vill. VII, 121 abgeschrieben.*) Nicht minder alles was sich auf die allgemeine Geschichte von Päpsten und Kaisern, italienische und Weltgeschichte bezieht; vergl. über Friedrich Barbarossa zu Purg. XVIII (Mur. 1209) mit Vill. V, 1—3; über Kaiser Friedrich II zu Purg. XVI (Mur. 1204) mit Vill. VI, 14—34; über Manfred und Conradin zu Inf. XXVIII (Mur. 1116. 1118) mit Vill. VI, 7—9. 23—27; über Carl I und II von Neapel und den Krieg in Sicilien zu Purg. XX (Mur. 1218) mit Vill. VII, 93. 94; über die Päpste Nicolaus III, Cölestin V, Bonifaz VIII, Clemens V zu Inf. XIX (Mur. 1075—1077) mit Vill. VII, 54. VIII, 5. 6. 80. 81; über den Propheten Mohammed zu Inf. XXVIII (Tambur. I, 680) mit Vill. II, 8; über die Belagerung und Einnahme von Acco durch den Sultan von Aegypten im J. 1291 zu Inf. XXVII (Mur. 1111) mit Vill. VII, 145, wo der

---

*) Bloss entweder aus falscher Lesung oder Missverständniss ist hier die Aenderung in der Antwort zu erklären, welche Marco Lombardo dem Grafen auf seine Frage: was er von seinem Reichthum halte, gibt: Vos estis recepturi pejorem amicitiam quam aliquis dominus Italiae — bei Villani: Voi siete meglio apparecchiato a ricevere la male meccianza che barone d'Italia; wo male meccianza so viel als Missgeschick bedeutet.

Excerptor nur den ganz ungeschickten Zusatz macht: Nota etiam quod haec civitas Accon olim vocata est Joppe und ein Citat aus Josephus de bello Judaico hinzufügt!

Die bei solchen Entlehnungen vorkommenden unrichtigen Jahreszahlen mögen zum Theil dem Schreiber der Textesabschrift zur Last fallen; aber auch die Verwechselung der Namen und Verwirrung in den Sachen erweckt kein günstiges Vorurtheil für die Zuverlässigkeit der Quellenbenutzung. So z. B. ist bezüglich der durch den florentinischen Podestà Fulcieri de' Calvoli im J. 1302 gegen die Weissen vollzogenen grausamen Executionen, zu Purgat. XIV (Mur. 1194), die Erzählung des Vill. VIII, 59. 60 in Thatsachen und Namen durcheinander verwirrt, wo zwar die benannten duo de Scholaribus, statt bei Villani: uno degli Scolari, an Dino Compagni II, 30: duo giovani degli Scolari erinnern, sonst aber überall keine Spur von letzterem zu finden ist.*)

Auf anderen Quellen oder eigener Kenntniss durch die ihm näher liegende Tradition beruht was der Commentator über Dinge und Personen in Bologna und den Städten der Romagna zu berichten weiss, wiewohl man auch hier bisweilen wieder dem Villani begegnet, wie z. B. bei der Erzählung, wie Guido von Montefeltro die Franzosen und Päpstlichen in Forlì überraschte und aus der Stadt hinaustrieb, zu Inf. XVII (Mur. 1105), nach Vill. IX, 81. Dazu kommt ferner eine Menge von nicht weiter beglaubigten Anekdoten, sei es aus dem Leben Dante's selbst, sei es von bekannten oder sonst unbekannten Persönlichkeiten, bezüglich welcher dieser Commentator die Hauptfundgrube für die späteren geworden ist. Woher er diese Geschichten

---

*) Es ist nichts als ein Missverständniss, wenn Muratori in der Praefatio p. 1030 an der Spitze der von dem Commentator erwähnten Schriften die Chronik des Dino Compagni nennt, unter Anführung der Stelle ad Inf. VIII (1042): et portavit ad quemdam civem nomine Dinum eo tempore famosum eloquentem in Florentia: denn dieser Dino war nach Boccaccio (Lez. 33), aus dem die Erzählung über die Wiederauffindung der 7 ersten Gesänge entnommen ist: Dino di messer Lambertuccio Frescobaldi.

genommen, hat Benvenuto nicht angegeben, wie er auch selbst den so stark von ihm ausgeschriebenen Villani nicht ein einziges mal genannt hat! Wohl nennt er verschiedene andere neuere Geschichtschreiber, wie den Mussatus von Padua, aber diesen doch nur in Bezug auf seine lateinische Tragödie über Ezzelin (Mur. 1048), den Ricobaldus von Ferrara, aber nur um zu Inf. XII, 112 zu bemerken, dass Dante selbst in der Annahme der Ermordung des Markgrafen Obizzo durch seinen Sohn diesem Chronisten gefolgt sei (Mur. 1049). Man sieht, es ist Methode in dieser Weise des Citirens und noch mehr des Nichtcitirens! So sind ausser dem Commentar des Boccaccio gelegentlich noch andere Schriften desselben benutzt, aber der verehrte Lehrer wird regelmässig gerade da nicht genannt, wo er wirklich als Quelle benutzt ist: z. B. wo Benvenuto nach Boccaccio, Vita di Dante, die Person des Dichters nach ihrer äusseren Erscheinung beschreibt und dazu die Anekdote erzählt, wie die Frauen Verona's seine dunkle Gesichtsfarbe mit krausem Bart seiner Höllenfahrt zuschrieben (Mur. 1037), oder wo er nach Decamerone, Giorn. IX, 8, eine Anekdote über den florentinischen Schmarotzer Ciacco zu Inf. VI zum besten gibt (Tambur. I, 214—216).

Noch mehr schwindet der Glaube an die Zuverlässigkeit des Commentators in historischen Dingen, wenn man sieht, wie wenig Kritik er bei dem Aufsammeln herkömmlicher Anekdoten anwendet, wie er z. B. von Sultan Saladins Reisen im Incognito durch die Länder des Abendlands, um die Vorbereitungen zum Kreuzzug auszukundschaften, ausführlicher als Ottimo berichtet (Tambur. I, 129), oder von dem schändlichen Betrug des Kaisers Friedrich II erzählt, wodurch es ihm gelang die Prinzessin von Antiochia zu verführen (Mur. 1046). Umsomehr überrascht seine treffende Kritik bezüglich der fabelhaften Stadtgeschichten, womit die italienische Geschichtschreibung sich im 12. und 13. Jahrhundert bereichert hatte. So urtheilt er über die florentinische Sage, die er aus Villani kannte, dass alles, was sie von der Erbauung Fiesole's durch den König Attalan, von dem Krieg der Römer gegen Fiesole und dem Ursprung von Florenz berichtet, nichts als Fabel sei (quae omnia reputo frivola), weil die alten Autoren, Livius, Florus, nichts davon wissen; so heisst er die Namensableitung von Fiesole, quasi fiat sola, eine Posse (truffa est) und das dort gebrauchte Citat aus Lucan für den Arno lächerlich, weil die Stelle sich auf den Sarnus in Unteritalien beziehe (Mur. 1060). Ebenso verwirft er die aus dem Namen von Siena (aus senes und Senones) hergeleitete Gründungsgeschichte, wonach diese Stadt von den Alten und Schwachen der Senonischen Gallier erbaut sein sollte, indem er bemerkt, es liege hier eine offenbare Verwechselung mit Sinigaglia zu Grunde (Mur. 1130); und nicht minder die Erbauung von Ravenna durch die Urenkel Noahs, denn es gebe keine authentischen Autoren bis zu den Noachiden hinauf (ib. 1198). Auch glaubt er nicht an die fabelhaften Wunderthaten und Wunderwerke des Virgil in Neapel, welche noch Boccaccio ganz ernsthaft vorgetragen hatte (Lez. 2): die kupferne Mücke, welche alle Mücken und Schnaken aus der Stadt verscheuchte, das bronzene Pferd, welches alle kranken Pferde daselbst heilte, die beiden Köpfe aus Marmor, einen lachenden und einen weinenden, an zwei verschiedenen Thoren, welche den Eingehenden Glück oder Unglück bedeuteten — und erwähnt dabei das Witzwort, welches Petrarca zu K. Robert von Neapel sagte: er wisse nicht, dass Virgil jemals Bildhauer in Marmor oder Steinmetz gewesen sei (Mur. 1140). — Immerhin ein erfreulicher Anfang von historischer Kritik, dank dem geistigen Fortschritt und dem erneuerten classischen Studium eben durch Petrarca's Verdienst.

10. **Commento di Francesco da Buti — per cura di Crescentino Giannini. Vol. 1—3. Pisa, 1858—1862.**

Die schöne Ausgabe des grossen Commentars von Buti ist von den Verlegern, den Gebrüdern Nistri in Pisa, im patriotischen Sinne unternommen worden. Der Herausgeber Giannini hat zwei florentinische Handschriften, Riccardiana und Magliabecchiana nach Abschriften der Bibliothek des Lord Vernon benutzt, so zwar, dass die erstere dem gedruckten Text zu Grunde gelegt, von der andern die Varianten angegeben sind; nicht berücksichtigt sind dagegen die werthvollen Hss. der Laurenziana, von denen die älteste doch noch aus dem Ende des 14. Jahrh. herrührt (s. die Hss.-Beschreibung von Batines II, 318).

Aus der vorausgeschickten Lebensbeschreibung ist zu entnehmen, dass Francesco Buti, geb. 1324, gest. 1406, von einem Pisanischen Geschlecht abstammte, welches den Namen Buti von einem Castell des Stadtgebiets führte, dass er die höchsten Ehrenstellen der Republik als Mitglied der Credenza und der Anzianen bekleidete, das Kanzleramt versah, auch mit wichtigen auswärtigen Missionen und Verhandlungen beauftragt wurde und in seiner späteren Lebenszeit als Professor der Grammatik an der Universität zu Pisa lehrte, in welchem Beruf er auch verschiedene grammatische Schriften, Regulae grammaticales und über den Briefstil, verfasst hat. Auf dem noch vorhandenen Grabdenkmal im Franciscanerkloster heisst er daher schlechtweg nur Magister Franciscus doctor grammaticae olim Bartoli da Buti.

Dass der Dante-Commentar aus den Vorlesungen entstanden ist, welche der Autor zu Pisa gehalten hat, ist von ihm selbst im Vorwort gesagt: Non so, se io farò pregio d'opera scrivendo la lettura sopra il poema — secondo il modo e l'ordine che per me si lesse publicamente nella città di Pisa. Wenn aber der Herausgeber Giannini in der Lebensgeschichte Buti's (p. XXXIV) über die Abfassungszeit seines Werkes bemerkt, dass Francesco da Buti, wiewohl zweimal durch Krankheit in der Arbeit unterbrochen, dasselbe schon im Juni 1385 vollendet habe, so steht im Widerspruch mit dieser nicht weiter belegten Angabe die Aeusserung des Autors selbst an einer Stelle im 3. Theil seines Commentars, wo er das J. 1393 das laufende nennt: p. 163 è ora Vinceslao re di Boemia figliuolo del detto Carlo lo quale non è anco coronato benchè corra 1393 dalla incarnazione.

Centofanti's einleitendes Vorwort rühmt mit Recht, im Gegensatz zu dem scholastischen Charakter anderer Commentare, namentlich des dem Pietro di Dante zugeschriebenen, die Einfachheit und Natürlichkeit der Auslegung, wie die Sauberkeit des italienischen Stils bei Buti. Wenn nur dieser treffliche Commentator nicht dabei so unerträglich weitschweifig wäre, ungeachtet er selbst zu Anfang verspricht, dass er seine Leser durch Kürze, wonach jedermann verlange, zufrieden stellen wolle (p. 5)! Er folgt mit seiner Erklärung dem Gedicht Vers für Vers und Wort für Wort, gibt die Umschreibung in Prosa und die sachliche Ausführung über alles ohne Unterschied, gleich als ob er zu völlig unwissenden Schülern rede, in dem Ton wie z. B. zu Inf. XXXIII, 80: Del bel paese là dove il sì suona — ‚Italien ist ein Land, wo man überall, wenn man bejahen will, das Wort sì gebraucht, und ist gemeinhin schön genannt und dafür gehalten, und darum sagt der Dichter schönes Land', oder wie er bei dem schmerzvollen Ausruf Dante's Purgat. VI, 76: Ahi serva Italia, die Erklärung folgendermassen beginnt: ‚Der Dichter gebraucht hier eine rhetorische Wendung, welche man Ausruf (esclamazione) oder griechisch Apostrophe nennt. Das Wort ahi ist ein Redetheil, welcher in der Grammatik Ausrufungs-Interjection (interjezione esclamativa) heisst und deutet auf Zorn oder Unwillen. Italia ist ein Theil von Europa, welcher vor alters von den Griechen eingenommen und desshalb Gross-Griechenland genannt wurde': — in solcher Weise führt der langweilige Commentator auf ein paar Seiten fort, nicht bloss alle Namen von Italien nebst deren Ableitungen, sondern auch die Provinzen und Städte aufzuzählen, und verschont den Leser selbst nicht mit der Miglienzahl von Länge und Breite der Halbinsel, wie sie Solinus angibt, während er sich über den eigentlichen Gedanken des Dichters nur ganz kurz fasst und sich zu keiner historischen Ausführung oder vergleichenden Betrachtung über seine Gegenwart veranlasst findet. Uebrigens enthält dieser Commentar in gleichmässiger Breite eine überreiche Fülle von Sacherklärungen aus der alten Philosophie wie aus der mittelalterlichen Scholastik, aus Mythologie und Geschichte und besonders Astronomie. Doch sehen wir zuerst sein Verhältniss zu den Vorgängern.

Am meisten lehnt sich Buti im Anfang, so weit Boccaccio's Commentar geht, an diesen an, auf den er sich auch einige mal ausdrücklich beruft (I, 7. 357. 366). Aus ihm ist wörtlich entnommen, was in der Einleitung über die Ursachen, die materiale, formale, wirkende und Endursache, so wie über den Titel des Gedichts und den Namen des Dichters (Dante cioè donatore), über den vierfachen Sinn vorkommt, wo nur das hübsche Distichon hinzugefügt ist:

> Littera gesta refert, quid credas allegoria,
> Moralis quid agas, quid speres anagogia.

Selbst die vorsichtige Verwahrung Boccaccio's, dass er nichts gegen die Lehre der heiligen Mutter Kirche gesagt haben wolle und alles derartige zum voraus widerrufe, hat Buti aus ihm wiederholt (p. 11). Auch folgt er ihm öfter in den Einzelerklärungen, die er nur ins breite tritt, sowie in den mythologischen Excursen, vgl. z. B. die Erklärung der neun Musen zum Anfang des 2. Gesangs I p. 59 mit Boccaccio Lez. 7. Doch hat er noch andere seiner Vorgänger gekannt und berücksichtigt, von diesen aber nur den einen Fra Guido del Carmine als Verfasser einer Schrift über 27 Gesänge des Inferno ausdrücklich genannt (I, 289: nello scritto che fe sopra li 27 canti della prima cantica); und zwar bei der Stelle Inf. VI, 73: Giusti son due, ma non vi sono intesi, die von jenem Commentator auf Guido Cavalcanti und Dante selbst gedeutet waren, was sich übrigens auch schon bei Boccaccio findet (Lez. 24). Diesen noch ungedruckten lateinischen Commentar des Guido von Pisa, eines Zeitgenossen von Dante, hat C. de Batines in einer Hs. zu Mailand nachgewiesen (II, 299).

Nicht genannt, aber unzweifelhaft häufig benutzt ist Jacopo della Lana. Uebereinstimmend mit ihm ist z. B. die Erklärung der räthselhaften Herkunft des künftigen Erretters von Italien, Inf. I, 105: e sua nazion sarà tra feltro e feltro durch tra cielo e cielo, wo Lana nicht klar gemacht hat, wie feltro den Himmel bedeuten kann, Buti aber die geschmacklose Interpretation gibt, der Himmel heisse Filz wegen seiner filzigen d. i. soliden Beschaffenheit (per questo intende lo cielo che è di materia solida e intera)! Auch eine Menge historischer Nachrichten, Anekdoten und Legenden sind aus Lana herübergenommen. Dahin gehört im ersten Theil die Erzählung von Attila's Städteverwüstung in Italien und seinem Tode in Rimini (p. 341 vgl. Lana I, 248), von dem Selbstmord des Petrus a Vinea (p. 357), von der Stiftung des Ritterordens der frati godenti zu Bologna (p. 601 wörtlich aus Lana I, 383), von P. Bonifaz VIII, wie er den Gelüsten seines Neffen die Frau des Sciarra Colonna preisgab (p. 700 vgl. Lana I, 436, was auch Ottimo diesem nachgeschrieben hat); im zweiten Theil, über K. Manfreds Ende (p. 39), die Ermordung des Podestà von Bologna Jacopo da Cassero (p. 110 wörtlich aus Lana II, 58), die Niederlage der Florentiner, Purg. XI, 112: quando fu destrutta la rabbia Fiorentina (p. 263), wo Buti durch den Irrthum des Lana (II, 132) verführt worden ist, die Schlacht bei Montaperti 1260, welche der Dichter gemeint hat, mit dem Treffen bei Pieve al Toppo von 1288 zu verwechseln, von welchem letzteren bei Dante Inf. XIII, 121 die Rede ist, vgl. Villani VII, 120; im dritten Theil die nur aus Lana (III, 263) geschöpfte Erzählung, wie die feindlichen Geschlechter von Florenz, Uberti und Buondelmonti, bei Gelegenheit der Belagerung von Faenza durch Friedrich II, sich durch Verrath ihrer Stadt bei dem Kaiser zuvorzukommen suchten (III, 486). An einer andern Stelle hat Buti sogar seinen Boccaccio ausser Acht gelassen, weil er hier gerade nur den Lana vor Augen hatte, wo er nämlich von der Stammmutter der Grafen Guidi, der Buona Gualdrada gar nichts zu sagen weiss, weil er nichts über sie gefunden habe (I, 430), während doch Boccaccio hier die anmuthige Novelle von ihrer Begegnung mit K. Otto IV im Dom zu Florenz erzählt, die Benvenuto von Imola aus ihm wiederholt hat. So folgte er auch dem Lana, wo er zu Parad. XII, 83: di retro ad Osticnse ed a Taddeo, den einen wie den andern für zwei grosse Decretalisten ausgibt und damit den

Sinn des Dichters verfehlt, welcher den einen als Repräsentanten des canonischen Rechts, den andern als den der Medicin meint, wie auch Benvenuto den letzteren als einen berühmten mit Dante befreundeten Arzt kannte, welcher zu Bologna las und 1295 gestorben war (Tambur. III, 239).

Francesco Buti ist unter den älteren Commentatoren Dante's vorzugsweise der Grammatiker, wie Pietro di Dante der Scholastiker und Benvenuto von Imola der Historiker. Sein eigenthümliches Verdienst besteht in der genauen Erklärung des Wortsinns, wobei man ihn oft mit Nutzen zu Rathe ziehen kann; auch ist für die allegorische Erklärung manche Belehrung aus ihm zu gewinnen, worin er seine Vorgänger nicht selten durch richtiges Urtheil und feines Gefühl übertrifft, wie er z. B. in der Deutung der drei himmlischen Frauen im zweiten Gesang des Inferno auf die zuvorkommende, erleuchtende und vollendende Gnade und in der Erklärung der allegorischen Figuren des Triumphzugs in Purgat. XXIX zuerst das Richtige getroffen hat. Seine schwächste Seite ist dagegen die historische. Zwar kennt er die Geschichte Roms, die er wie Lana ausführlich zu Parad. VI vorträgt, aus den alten Autoren Livius, Lucan u. a., aber auffallend genug ist doch selbst hier seine Unsicherheit, wenn er z. B. sich erst durch Boethius über die Verschiedenheit von Julius Cäsar und Cajus Cäsar, den Sohn des Germanicus, belehren lässt und dabei über andere desselben Namens im Zweifel bleibt (III, 192). Bei der Aufzählung der römischen Kaiser mit ihren Regierungsjahren folgt er dem Martin von Troppau, den er zwar nicht hier, aber an andrer Stelle citirt (III, 211). Was soll man aber dazu sagen, dass er, auf das Jahrhundert in dem er selbst lebte herabkommend, Kaiser Karl IV im J. 1355 durch Papst Clemens d. i. seine Cardinäle (per papa Chimento cioè per li suoi cardinali) gekrönt werden lässt, da doch Clemens VI bereits 1352 gestorben war und zur Zeit Innocenz VI auf dem päpstlichen Stuhl zu Avignon sass? oder dass an andrer Stelle, wo Dante Purgat. VI, 103 dem römischen König Albrecht von Oesterreich und seinem Vater Rudolf zum Vorwurf macht, dass sie, durch Habbegierde jenseits der Alpen festgehalten, Italien, des Reiches Garten, wüst gelassen hätten, da sie nämlich nicht zur Kaiserkrönung nach Rom gekommen waren — dass der Commentator hiezu die ungehörige Bemerkung macht, König Albrecht sei von seiner Kaiserkrönung nach Deutschland zurückgekehrt (II, 138: Alberto da Usterich elotto imperadore e preso la corona si ritornò ne la Magna)!

Zu dem auffallendsten gehört an dieser Stelle, wie überhaupt in den beiden ersten Theilen des Commentars, die Unbekanntschaft des gelehrten Pisaners mit der doch sonst schon sehr bekannten Chronik seiner Nachbarstadt Florenz von Giovanni Villani! Wohl kennt Buti die Sage von der Erbauung und Zerstörung des römischen Florenz, aber in dem wenigen, was er davon erwähnt (I, 413), lässt sich weder Benutzung des Villani noch der Schrift De Origine erkennen, und über das verhängnissvolle Standbild des Mars gab ihm nicht Villani, sondern Boccaccio's Commentar, den er hier citirt (I, 367), Auskunft. In Betreff der florentinischen Parteien, sowohl der Gibellinen und Guelfen, als auch der Weissen und Schwarzen, sagt Buti zu Inf. VI und X nichts mehr, als sich schon bei Lana findet, begeht aber dabei gelegentlich den groben Verstoss, dass er den bekannten Friedensstifter Carl von Valois zum Sohn eines unbekannten K. Friedrich von Frankreich macht (chè costui fu figliuolo del re Federigo) und anderes von König Friedrich sagt, was nur auf Philipp IV gehen kann, wiewohl er nicht der Vater, sondern der Bruder des Carl von Valois war (I, 188. 189)! Wo er mit Lana, wie bemerkt, die Niederlage der Florentiner bei Montaperti mit ihrem Sieg bei Pieve al Toppo verwechselt, fügt er naiver Weise hinzu: Andere sagen, es sei der Ort nicht Pieve al Toppo, sondern Monte Aperto gewesen; er wisse aber nicht ob dies ein und derselbe Ort sei (II, 263): das wusste er nicht, der gelehrte Pisaner, der doch die alten Namen, Provinzen und Städte von Italien und selbst die Entfernungen nach Miglienzahl aus Solinus kannte! Er hätte es leicht aus Villani erfahren können, den er aber offenbar auch dort noch nicht benutzte, wo er die bekannte Legende von der abgebrochenen Verlobung des Ritters Buondelmonte fast ganz nach den Worten des Lana erzählt.*)

Erst bei Ausarbeitung des dritten Theils seines Commentars ist Buti auf Villani's Chronik gekommen und hat sie von da an benutzt: so dort, wo er die Verlobungsgeschichte des Ritters Buondelmonti noch einmal mit den Worten des Villani erzählt und aus diesem die Namen der gibellinischen und guelfischen Geschlechter von Florenz entnimmt (III, 483 vgl. mit Vill. V, 38. 39), und dort, wo er ihm, zwar ungenau und confus, bei der Sage von Catilina und der Belagerung von Fiesole durch die Römer folgt (p. 191 vgl. mit Vill. I, 30—38), und weiter bezüglich der Erbauung von Florenz durch die römischen Feldherren und der Zerstörung durch Totila, wo er auch die Quelle ausdrücklich citirt (p. 451 secondo che dice Joanni Villani vgl. Vill. I, 38. II, 2). Ferner ist Villani citirt zu dem Kreuzzug Konrads III, welchen Cacciaguida, Dante's Vorfahre, begleitete Parad. XV, 139, nur begeht der Commentator hier wieder den groben Irrthum, den genannten König Konrad III von Schwaben mit Konrad II dem Salier — Currado primo, wie ihn die Italiener nennen — zu verwechseln (III, 457); und wieder, wo er zuerst aus Lana die Vertreibung der Guelfen aus Florenz mit der Jahreszahl 1250 entnimmt und dann hinzufügt, Villani setze dieselbe in das J. 1246 (p. 487, soll heissen 1248, vgl. Vill. VI, 33, denn auch das Citat VII, 196 passt nicht oder setzt eine andere Bücher- und Capiteleintheilung des Villani als die uns bekannte voraus).

Es mag zur Charakterisirung des historischen Theils von Buti's Commentar noch erwähnt werden, dass mehrfach die Legenda aurea als Quelle benutzt ist, wie namentlich bei der Geschichte des Propheten Mahomet, wo sie ausdrücklich citirt ist, I, 720: maestro

---

*) Bei Lana sagt Donna Donati zu dem Verlobten: Sciaruto, ove vai tu? tu sei lo più bello giovane di questa terra, e vai a sposare una scimia; so tu vuoi mia figliuola io te la dò! (I, 449); fast ebenso Buti (I, 728): Ove vai tu che sei così bel giovane, e vai sposare una bertuccia (einen Affen, wie scimia): se tu vuoi costei (die Tochter, die sie ihm vorstellte), io la ti darò..

Jacopo de' frati predicatori nel libro delle legende de' santi nella legenda di papa Pelagio; während andere Absurditäten wohl nur aus eigenem Missverständniss des Grammatikers entsprungen sind: so die Erklärung der Tedeschi lurchi d. i. der gefrässigen Deutschen, Inf. XVII, 21 von zwei verschiedenen Völkern Tedeschi und Lurchi, zwischen welchen die Donau hindurchfliesse (I, 451); die Versetzung der deutschen Frisen nach Phrygien (I, 791), die Versetzung des bekannten Ketzers Fra Dolcino von Novara nach Navarra, wo ihn der König von Navarra mit Belagerung eingeschlossen haben soll (I, 723), und die Ableitung der Langobarden von den Galliern des Bellovesus (III, 208).

Besser unterrichtet zeigt sich Francesco Buti begreiflicher Weise in den Pisanischen Dingen, Geschichten, Geschlechtern, Personen (s. z. B. I, 828. II, 125. 178), und hier mag man ihn wohl mit einem gewissen Vertrauen benutzen, aber weiter hinaus nicht. Der sehr über Verdienst gepriesene Commentar des Buti steht in Ansehung des historischen Werths hinter vielen andern zurück.

11. **Commento alla divina commedia d'anonimo Fiorentino del secolo XIV ora per la prima volta stampato a cura di Pietro Fanfani. Vol. 1—3. Bologna, 1866—1874.**

Ueber die Ausgabe dieses bis dahin nur wenig bekannten Commentars ist Folgendes vorauszuschicken. Der Herausgeber, Pietro Fanfani, anderweitig als italienischer Philologe und Lexicograph und neuerdings auch durch den Dino-Streit bekannt, spricht sich im Vorwort nur ganz kurz über das Werk und seine eigene Zuthat aus: er rühmt den Werth des Commentars für die Geschichte, besonders für die Biographie der Zeitgenossen Dante's, und nicht minder, gleichwie Gold in Gold gefasst, die reine toscanische Sprache; alles andere, die Vergleichung der Handschriften und sonstige kritische Bemerkungen, wird bis auf das Ende verschoben, weil der Herausgeber selbst im Anfang noch nicht wissen könne, was alles er werde zu sagen haben. Doch hat derselbe sein Versprechen nicht erfüllt: der kritische Anhang ist gänzlich ausgeblieben; statt dessen wird das gelehrte Publicum im Vorwort des dritten und letzten Bandes durch die unliebsame Entdeckung überrascht, welche der Herausgeber selbst erst während des Druckes gemacht hat, dass dieser ganze dritte Theil und auch schon mehr als die Hälfte des zweiten mit dem schon öfter und neuerdings wieder abgedruckten Commentar des Jacopo della Lana völlig identisch ist! Die neue Ausgabe von mehr als anderthalb starken Bänden unter dem falschen Titel des Anonimo Fiorentino war hiernach nur überflüssige Liebesmühe auf Kosten des Verlegers und der Käufer des Werks.*)

In den spärlichen Noten unter dem Texte sind sprachliche Bemerkungen gegeben, in dem 2. Theil, wo dem Herausgeber allmählich die Identität mit Lana aufleuchtete, auch Hinweisungen auf diesen. Mit Quellenuntersuchung hat sich derselbe gar nicht befasst: man erfährt nicht einmal, aus welchem Grunde der unbekannte Autor ein Florentiner heisst, noch warum sein Commentar in das 14. Jahrhundert gesetzt wird.

Aus dem Werke selbst lässt sich nichts über den Autor und seine Herkunft entnehmen; doch behalten wir der Bequem-

---

*) Die Schuld dieses von fast unglaublicher Leichtfertigkeit zeugenden Missgeschickes soll nach Fanfani's Aeusserung C. de Batines wenigstens mittragen, welcher den 3. Theil im codex Palatinus als Fortsetzung des Anonymus erklärt habe (Errò dunque il De Batines, che il codice Palatino del Paradiso lo diede per il seguito del nostro Anonimo, quando invece era di Jacopo). Allein diese Behauptung ist nichts als eine Unwahrheit! Denn in der Bibliografia Dantesca II, 348 ist ausdrücklich gesagt, dass die Palatinische Hs. ebensowie die Laurenziana nur den Theil über das Inferno enthalte, wie auch die weiter gegebene Beschreibung der ersteren p. 350 aufzeigt. Nur die einzige Hs. Riccardiana, welche dem Abdruck des Anonimo zu Grunde liegt, hat noch den Commentar zum Purgatorio. Alle drei Hss. sind aus dem 15. Jahrhundert. Woher Fanfani den dritten Theil genommen, hat er weder in dem Vorwort, noch in der Zeitschrift L'Etruria I, 1851 p. 28, anzugeben für gut gefunden!

lichkeit wegen die Benennung Anonimo Fiorentino bei. Auch die Zeit der Abfassung ist nirgends angegeben. Das Datum, welches in der Riccardianischen Hs. voransteht: Comento di Dante 1343, ist von später Hand erst im vergangenen Jahrhundert hineingeschrieben und bloss aus der Luft gegriffen; denn die Unrichtigkeit desselben ergibt sich aus Citaten von Boccaccio's Novellen und von Petrarca's Briefen (II, 73. 227), und noch bestimmter aus der Benutzung des Commentars von Boccaccio, wonach der Autor nicht vor 1374 geschrieben haben kann. Nimmt man aber hinzu, dass er gelegentlich einmal die Chronik des Giovanni Villani, welche bis 1348 fortgeht, eine alte nennt (I, 374 trovasi nella vecchia cronaca intitolata in Giovanni Villani), so wird man die Abfassungszeit des Werkes wohl besser in den Anfang des 15. Jahrhunderts, dem auch die Handschriften angehören, als in das Ende des 14. setzen.*)

Dass man es nicht mit einem durchaus originalen Werk zu thun habe, lässt sich gleich in der Einleitung zum 1. Gesang erkennen, wo sich starke Benutzung zum Theil des Boccaccio, zum Theil des Pietro di Dante zeigt. Aus Boccaccio's Commentar ist entnommen was über das frühere Vorhaben Dante's gesagt ist, sein Gedicht in lateinischer Sprache abzufassen, was er nachher mit Rücksicht auf die Grossen, bei denen er Ruhm erlangen wollte, aufgegeben habe (Bocc.: E già era alquanto proceduto avanti, quando gli parve mutare stilo etc. Anon.: E già distesa la materia alquanto inanzi, quando mutò stilo etc.); ebenso was weiter folgt über den Unterschied der drei Inferni, der oberen Hölle in uns selber, der mittleren auf der Oberfläche der Erde, welche der Limbus oder die Vorhölle genannt wird, und der unteren innerhalb der Erde, welche das Inferno von Dante ist — das meiste davon, selbst mit den Citaten aus den alten Dichtern, ist aus Boccaccio Lez. 1 abgeschrieben. Wo aber Anonimo einen siebenfachen Sinn des Gedichts annimmt als: letterale, storico, apologico, metaforico, alle-

---

*) Dies hat Fanfani selbst nachträglich anerkannt, Borghini, Anno III no. 24.

gorico, tropologico, anagogico, während Boccaccio allein den buchstäblichen und allegorischen gelten lässt, ist die Terminologie nebst der ganzen Ausführung aus Pietro di Dante (p. 4—8) entlehnt.

Nicht zwar die gleiche Abhängigkeit von den früheren Commentatoren, aber doch vielfache Benutzung der beiden genannten begegnet im einzelnen bei der Auslegung der ersten Gesänge: so ist die Eintheilung des ersten Gesangs in vier Abschnitte nebst Angabe ihres Inhalts aus Pietro di Dante genommen; die Erklärung der Anfangsworte: Nel mezzo del cammin di nostra vita, wörtlich aus Boccaccio Lez. 2 (Milanesi p. 104), die Allegorie der Thiere im ersten Gesang aus beiden, wozu als eigene Zuthaten die Naturbeschreibung der Thiere mit symbolischer Beziehung auf die verschiedenen Lebensalter des Menschen, die Lebensgeschichte des Virgil und poetische Erzählungen aus der Aeneis hinzugefügt sind. Zum 2. Gesang ist die Eintheilung in 6 Theile aus Pietro di Dante entlehnt, die geschmacklose Erklärung der 9 Musen durch die 9 Organe, welche die menschliche Stimme bilden (I, 34) aus Boccaccio (Lez. 7), der sie selbst der öfter von ihm citirten Mythologie des Fulgentius verdankte, die Deutung der drei himmlischen Frauen, welche sich für Dante's Errettung bemühten, der ersten (donna gentile) auf das Gebet (orazione), der zweiten, Lucia, welche die dritte, Beatrice, anrief, auf das göttliche Erbarmen, wieder aus Boccaccio (Lez. 8 Milanesi I, 247); desgleichen im 3. Gesang das schon von diesem geäusserte Bedenken gegen die Deutung der Worte che fece per viltate il gran rifiuto auf P. Cölestin, welchen die Kirche heilig gesprochen habe. Auch die schon oben S. 34 erwähnte wunderliche Erzählung von den deutschen Baronen Gulfo und Ghibellino, welche Boccaccio mittelbar von Kaiser Karl IV her gehört hatte, findet sich hier fast mit denselben Worten wieder und ist offenbar nur aus ihm, der sie allein hat, geschöpft, wiewohl Anonimo diese seine Quelle absichtlich verbergen will, indem er sich dabei auf deutsche Chroniken beruft (I, 247 secondo certe cronache tedesche). Ebenso versteckt er dieselbe Quelle, wo er zu Inf.

XVI, 37 die anmuthige Novelle von der guten Gualdrade wiederholt (I, 373 vgl. Bocc. Lez. 58). Der so viel von ihm benutzte Commentar des Boccaccio ist überhaupt nirgends genannt, wohl aber der Decamerone citirt, wo bei Purgat. XIV, 97 die Novelle von dem Liebeshandel der Tochter des dort genannten Buon Lizio von Valbona erzählt wird (II, 227: come scrive mess. Giovanni in quello libro delle cento novelle).

Man wird schon hiernach beurtheilen können, wie wenig der Anonimo Fiorentino selbst in dem ersten Theil des Commentars das ihm von dem Herausgeber (im Vorwort zum 3. Bande) gespendete Lob vollkommener Originalität wirklich verdient.*) Allerdings tritt hier noch nicht, wie in dem zweiten, die Abhängigkeit von dem Lanco ein; doch ist neben Boccaccio und Pietro di Dante gelegentlich auch Ottimo benutzt, wie aus wörtlicher Uebereinstimmung bei einigen Stellen hervorgeht; so z. B. zu Inf. IX im Anfang über die thessalische Zauberin Erichtho, Ottimo I, 152: Questa fu maga incantatrice in Grecia, nella contrada di Tessaglia, partita dalla città, dall usi e modi delle femine e degli uomini, la sua vita, scrive Lucano, era in caverne e invocava diavoli etc., und Anon. I, 217: Fu adunque Erithon magica incantatrice in Grecia, nella contrada di Tesaglia, estratta da ogni operazione d'uomo, la sua vita era in caverne, et invocava i demoni — Lucano scrive etc., und bei Inf. IX, 112 über die Gräber der gefallenen Christen bei Arles, Anon. I, 234 vgl. Ott. I, 166.

Die Bekanntschaft mit Jacopo della Lana hat der s. g. Florentiner Anonymus offenbar erst spät, im Fortgang seiner Arbeit gemacht; dann aber hat er ihn um so stärker ausgebeutet. Die Benutzung beginnt, so viel ich sehe, erst bei Purgatorio XI, wo die Einleitung mit Abkürzungen und einige unbedeutende Noten über Osanna, Vanagloria und den Maler Oderigo aus ihm entnommen sind. Aber schon bei dem folgenden XII Gesang sind wie die Einleitung so auch die meisten

---

*) Fanfani: É opera bellissima, originale, schietta di favella e di stile, richissima di notizie — una vera delizia!

Noten bloss abgeschrieben, und weiterhin von Gesang XVI an ist das Verhältniss der Art, dass durchweg der Commentar des Lana zu Grunde gelegt ist und dazu nur Zusätze aus anderen Quellen, von denen noch zu reden ist, hinzugekommen sind, der dritte Theil aber hat, wie erwähnt, nur durch den Herausgeber den falschen Titel des Anonimo erhalten.

Es ist weiter zu untersuchen, welche Quellen, abgesehen von den früheren Commentaren, der Anonimo sonst noch benutzt hat. Auch diese lassen sich leicht erkennen; denn als blosser Compilator beweist er sich auch darin, dass er den alten Autoren, die er um so fleissiger citirt, als er die neueren gern verschweigt, in der Regel mit wörtlicher Uebersetzung folgt: so z. B. dem T. Livius bei der Erzählung von der Schandthat des Sextus Tarquinius und dem edlen Tod der Lucrezia (I, 116—119 vgl. Livius I c. 57—59). In der Geschichte des Mittelalters hat er bisweilen die Chronik des Martin von Troppau herangezogen, welche als Cronica Martiniana citirt ist, z. B. über P. Hadrian V (I, 309), über den Propheten Mohammed (Maumet I, 598), über Karl den Grossen (p. 653. 679); ebenso oft aber auch, wo sie nicht citirt ist, z. B. über die Begegnung des Papstes Leo mit Attila (Scrivesi ancora I, 306, vgl. Martin. ss. XXII, 418), über Friedrich Barbarossa (II, 295 vgl. Mart. p. 470). Als Hauptquelle jedoch, sowohl für die allgemeine mittelalterliche, als auch für die florentinische Geschichte hat ihm die Chronik des Giovanni Villani gedient. Sie findet sich zum ersten mal genannt I, 359: Conta Giovanni Villani nella cronaca come negli anni di Cristo MCXVII i Pisani fecione una grande armata di galee, und was weiter hierauf wörtlich bei Vill. IV c. 31 folgt; und nachher noch öfter, einige mal auch schlechthin als la cronaca (I, 591. 678). Dagegen nicht genannt, wenn auch ausgeschrieben, ist dieselbe an einer grösseren Zahl von Stellen, so z. B. über die von Pistoja her in Florenz eingeführten Parteien der Weissen und Schwarzen und die Uebertragung der Signorie auf Carl von Valois I, 169 f. nach Villani VIII c. 38. 39. 49, über die Vertreibung der Gibellinen aus Florenz im J. 1266 I, 251 nach Vill. VII c. 12, über Messer

Farinata degli Uberti im Parlament zu Empoli I, 255 nach Vill. VI, 81, über Kaiser Friedrichs II Kreuzzug, seinen Krieg mit dem Papst und sein Ende I, 257—259 nach Vill. VI, 1. 16. 17. 41, wo sogar ungeschickter Weise der Satz: come detto abbiamo per la detta cagione che mai non volle intrare in Firenze nè in Faenza (p. 259) aus Villani (c. 41) wiederholt ist, wiewohl das Vorhergehende, worauf es sich bezieht, fehlt.*)

Ebenso ist die lange Stelle über die Belagerung und Einnahme von Acco durch den Sultan von Agypten 1291 I, 574 f.: Il Soldano di Babilonia d'Egitto — niuna terra appresso nella terra santa rimase a' Cristiani wörtlich nach Vill. VII, 145 gegeben, wie die Erzählung von dem Hungertod des Grafen Ugolino von Pisa I, 689 f. negli anni di Cristo MCCLXXXVIII del mese di luglio — onde a parte guelfa di Toscana fu grande abbassamento et esaltamento de' ghibellini nach Vill. VII, 121, wo nur eine Nachricht über die Töchter des Grafen hinzugefügt ist. Bisweilen hat der Anonimo, wie eben hier, mit dem was ihm Villani bot noch anderes combinirt, z. B. über Ezzelin von Romano (I, 299) ausser dem, was Villani VI, 72 von dessen Ende berichtet, die Erzählung von der grausamen Hinrichtung der Paduaner und des Kanzlers Ser Aldobrandino, übereinstimmend mit Boccaccio (Lez. 46, Milanesi II, 299); über Attila, unter dem Namen Totila, (I, 303—306) zu Villani II, 1 noch die bereits erwähnte Stelle aus Martins Chronik.

Von besonderem Interesse ist nun das gleiche Verfahren, womit Anonimo an mehreren Stellen seines Commentars, welche die Geschichte von Florenz zur Zeit des Dichters betreffen, seine Hauptquelle mit einer andern verbindet, in der wir unzweifel-

---

*) Der Herausgeber Fanfani macht hierzu ausnahmsweise die kritische Bemerkung, dass dieses Stück wohl aus einem Chronisten der Zeit sein möchte, hat aber keine Ahnung davon, dass dieser Chronist kein andrer als Villani ist; aus diesem hätte er auch an einer andern wörtlich entlehnten Stelle, bezüglich der Erbauung und Zerstörung von Fiesole (I, 356), die falsche Lesart per errata, von der er in der Note eine verkehrte Erklärung gibt, als per rata (di ciascuno rione di Roma): Vill. I, 38, berichtigen können.

hafte Spuren der angeblichen Chronik des Dino Compagni erkennen. Solche interessante Verwandtschaft begegnet noch nicht im ganzen ersten Theil des Commentars, wo überall nur Villani benutzt ist, und zwar auch dort nicht, wo Dino Compagni über dieselben Dinge theils abweichend, theils ausführlicher berichtet, wie z. B. über den Anfang der florentinischen Parteien infolge der rückgängig gemachten Verlobung des Messer Buondelmonti, Anon. I, 608 nach Villani V, 38; über die Ankunft des Friedensstifters Carl von Valois in Florenz und die Rückkehr des Corso Donati, Anon. I, 170 vgl. Vill. VIII, 49; sondern erst in den historischen Erläuterungen zum Purgatorio, und zwar gerade von da an, wo in der Hauptsache der Laneo ausgeschrieben ist und jene Erläuterungen nur als Einschaltungen hinzugefügt sind. Doch hiervon behalte ich mir vor in dem Anhang über die Dino-Frage das weitere zu erörtern. Vorläufig ist es auch für diese nicht unwichtig, die Art und Weise der Compilation und namentlich der Quellenbenutzung bei dem Anonimo Fiorentino festgestellt zu haben. —

Wir kommen nun zu den späteren Dante-Commentaren aus dem 15. Jahrhundert.

12. Lo Inferno della Commedia di Dante Alighieri col comento di Guiniforto delli Bargigi — con introduzione e note dell' avv. G. Zacheroni. Marsiglia. Firenze. 1838.

Der Herausgeber Zacheroni, welcher zur Zeit als italienischer Flüchtling in Marseille lebte, hat als Dedication eine ironische Zuschrift an Papst Gregor XVI und als Einleitung einen feurigen Aufruf an die Jugend Italiens vorausgeschickt. In der letztern wird die verzweiflungsvolle Lage Italiens geschildert, wo die Geister gefesselt seien, der Gedanke selbst unterdrückt werde, Henker und Gefängniss diejenigen erwarten, welche über das Unglück des Vaterlands trauern: Dante's majestätische Grösse soll für die italienische Jugend als Vorbild dienen, damit sie seine Lehren beherzige und die hohen Geschicke Italiens erfülle!

Ohne Zweifel nur um dieser Einleitung willen wurde das Werk nach dem Erscheinen der ersten Lieferungen durch die päpstliche Inquisition in Bologna und Imola mit Beschlag belegt, wodurch der Herausgeber sich auch erst zur nachträglichen Dedication desselben an den Papst bewogen fand, worin er mit boshafter Wendung sagt, es solle dessen Name darum an der Spitze stehen, damit er einen würdigen Platz an der Stelle finde, wohin der gibellinische Dichter seine Vorgänger versetzt habe!*)

Das Werk des Guiniforte selbst, sein Commentar über die Hölle, ist weit entfernt davon, solcher Tendenz mit verwandtem gibellinischem Geist zu entsprechen. Ja der Herausgeber hat es sogar für nöthig und erlaubt gehalten, aus dem Grunde, weil der Autor, als serviler Katholik, den Dante in Sachen der Religion schlecht verstanden habe, den theologischen Theil des Commentars, so weit es der Zusammenhang gestattete, zu streichen und nur den philologischen, historischen und philosophischen vollständig zu geben. Als Grundlage für die Ausgabe hat eine mit Miniaturen gezierte Pergamenthds. vom Ende des 15. Jahrhunderts gedient, welche einst König Franz I 1519 von dem Mailänder Giacomo Minuzio zum Geschenk erhielt, zur Zeit aber sich im Besitz des Philologen Gaston de Flotte zu Marseille befand, woneben, um eine durch ausgefallene Blätter entstandene Lücke zu ergänzen, noch eine zweite, wie es scheint gleichzeitige, Abschrift in einer schönen Pergamenthds. der Pariser Bibliothek benutzt wurde (s. die genauere Beschreibung beider Hdss. bei De Batines I, 652 f.).

Ueber den Autor, Guiniforte delli Bargigi, und dessen als classischer Philologe berühmteren Vater Gasparino hat Mazzuchelli, Gli scrittori d' Italia Vol. II P. I, ausführlich gehandelt, woraus Tiraboschi, Storia della letteratura Ital. L. III c. 5 einen Auszug gibt. Die gesammelten Schriften beider, hauptsächlich Reden und Briefe, sind von Cardinal Furietti unter dem Titel: Gasp. Barzizii Bergom. et Guiniforti filii Opera ed. J. A. Furiettus,

---

*) D' intitolorla al Vostro nome, perchè trovi luogo condegno là dove il Ghibellino pose quello di altri Vostri Predecessori.

Romae 1723. 4to. herausgegeben worden. Von dem Dante-Commentar Guiniforte's ist in dieser Sammlung nur das an den herzoglich mailändischen Kämmerer Jakob de Abate gerichtete Widmungsschreiben aufgenommen, welches in der Ausgabe von Zacheroni vermisst wird.

Sowohl Gasparino de Barzizza (der Zuname kommt von seinem Geburtsort im Gebiet von Bergamo her) als auch sein Sohn Guiniforte standen die längste Zeit ihres Lebens in Diensten der Herzoge von Mailand. Filippo Maria verlieh dem Guiniforte, nachdem er aus dem Dienst des Königs Alfons von Aragon und Sicilien wieder in den seinigen zurückgetreten war, 1434 den Lehrstuhl der Moralphilosophie in Pavia, verwendete ihn aber auch als Generalvicar in den öffentlichen Geschäften, besonders als Orator bei auswärtigen Missionen. Später war Guiniforte noch im Dienst des Herzogs Franz Sforza als Secretär und begleitete 1459 dessen Sohn Galeazzo auf der Reise nach Florenz und Rom, wo er im Namen desselben eine Anrede an P. Pius II hielt (s. Opere p. 57).

Wie aus dem erwähnten Widmungsschreiben an den herzoglichen Kämmerer hervorgeht, hatte Herzog Filippo Maria selbst, welchen der Autor mit ganz überschwänglichem Lobe preist, letzterem den Auftrag ertheilt, die Komödie des vortrefflichen theologischen Poeten (Theologi Poetae) zu erklären. Guiniforte hatte also den herzoglichen Hof und die gebildete Gesellschaft von Mailand als das Publicum, für welches er schrieb, vor Augen; darum wollte er auch, wie er dort sagt, sich nur der Vulgärsprache mit Vermeidung aller Fremdwörter bedienen und sich nicht mit gelehrter Ostentation bei Widerlegung der verschiedenen Meinungen aufhalten, überhaupt weniger den sonst lobenswürdigen Ton der Wissenschaft, als den der Bildung des Hofs anschlagen (neque vero laudabilem apud omnes scholasticum potius in commentando, quam aulicum imitabor modum).

Ueber die Zeit der Abfassung gewährt einen Anhaltspunkt die von dem Herausgeber nicht beachtete Stelle, wo der Commentator zu Inferno VI bezüglich der Parteien der Schwarzen und Weissen in Florenz sagt, er wolle diese Geschichten nicht wiederholen, um nicht alte Feindschaft in den Herzen der Florentiner aufzufrischen, was sowohl seiner eigenen Natur widerspreche, wie es auch sein gnädigster Herr, der erlauchte Herzog, nicht erlauben würde, nachdem er mit seiner gewohnten Gnade allen Hass und Streit mit jener Republik abgethan, ihr durch seine Güte den Frieden gewährt habe und auch ferner seine reiche Gunst schenken wolle, damit sie sich von ihrem Schaden erholen und von der Furcht beständiger Knechtschaft, worin sie in den vergangenen Jahren freiwillig verwickelt gewesen, sich befreien könne (p. 140: e in tutto liberarsi da ogni timore di quella perpetua servitù, nella quale negli anni passati volontariamente si era inviluppata).

Mit dem erwähnten Friedensschluss ist vermuthlich der von 1441 gemeint, denn der frühere von 1435 war nur von ganz kurzer Dauer, und damit stimmt auch die Hindeutung auf die mehrjährige freiwillige Knechtschaft der Florentiner, worunter man wohl nichts anderes als ihre Unterwerfung unter die Staatsleitung des Cosimo dei Medici zu verstehen hat, nachdem dieser im Herbst 1434 aus der Verbannung nach Florenz zurückgekehrt war, während die von ihm vertriebenen Gegner Hülfe eben bei dem mailändischen Herzog suchten und fanden; s. die Rede des Rinaldo degli Albizzi bei Machiavelli, Istorie Fiorent. L. V c. 8.

Uebrigens charakterisirt die vorstehende höfische Aeusserung Guiniforte's sein ganzes Werk. Der mailändische Autor will keinen Anstoss bei seinem allergnädigsten Herrn geben, auch dort nicht, wo der Dichter ihn gibt. Wie er um der politischen Haltung des Herzogs willen, nichts übles von den Florentinern sagen will, so bestimmt ihn die gleiche Rücksicht, jede ärgerliche Hinweisung auf die Schäden der römischen Curie oder die Gebrechen der Geistlichkeit zu vermeiden, und gegenüber dem gibellinischen Dichter seinen Guelfismus zu betonen. Also gilt es ihm für ausgemacht, dass das römische Reich zwar von Gott, aber durch den päpstlichen Stuhl eingesetzt und geordnet sei, was ihm seitens des Herausgebers in einer Note das

Prädicat eines schlechten Publicisten zuzieht (p. 34). Bei der Erklärung des Veltro, welcher die Wölfin vertreiben werde, bemerkt der Commentator: einige wollten dies zur Herabsetzung (dettrazione) der geistlichen Prälaten auslegen, doch halte er das nicht für anständig (la qual esposizione dico non essere onesta, p. 24). Ebenso geht er über den bedenklichen Vorwurf des Dichters gegen den, welcher aus Feigheit den grossen Verzicht that (Inf. III), mit der kurzen Bemerkung hinweg: die gewöhnliche Meinung sei, dass der Dichter den P. Cölestin V gemeint habe (p. 63), und will auch nicht bei den Worten desselben verweilen (lasciamo queste parole), wo kahlköpfige Pfaffen, Päpste und Cardinäle wegen übermässigen Geizes die Höllenstrafe erleiden (p. 163). Von Kaiser Friedrich II als dem Feinde der römischen Kirche und notorischen Ketzer wiederholt er die lächerliche Anekdote, wie er den Gegenbeweis der Unsterblichkeit der Seele durch den Augenschein an einem im Sack eingeschlossenen und darin getödteten Menschen führte, aber den ungläubigen Cardinal Ottaviano Ubaldini, den der Dichter an demselben Ort erblickte (Inf. X, 120), will er lieber nicht nennen: ‚mögen andere an diesem Bissen nagen' (p. 243)! Gegen den Dichter selbst geräth er in tugendhafte Entrüstung, wo dieser die Bologneser des Lasters der Kuppelei bezichtigt (Inf. XVIII, 58): es sei sehr unrecht, wegen einzelner Sünder ein ganzes Volk, und noch dazu ein so edles und hochgesinntes, wie das von Bologna, zu schmähen (p. 422). — Hätte nicht Zacheroni für die Tendenz seiner Publication, dem päpstlichen Stuhl unangenehme Wahrheiten zu sagen, besser gethan, einen anderen geeigneteren Autor des Mittelalters zu wählen?

Ueberhaupt wird man aus diesem Commentar kaum irgend einen neuen Aufschluss zur Erklärung der göttlichen Komödie gewinnen. Guiniforte gibt in der Regel nichts als die prosaische Umschreibung der Worte und Gedanken des Dichters, dringt nirgends in die Tiefe der Sache ein, weder nach der philosophischen noch nach der historischen Seite, und geht den Dunkelheiten des Gedichts möglichst aus dem Wege. Den Veltro z. B. erklärt er für einen Fürsten von höchster Tugend, unter welchem die Laster, besonders die Habsucht aus der Welt verschwinden und jedermann sich der Tugend ergeben wird, oder für einen heiligen Mann, welcher die Menschen dazu bewegen wird, dass sie ihre Sünden bereuen; seine Herkunft wird sein, wie einige sagen, zwischen der Stadt Feltre in der Mark von Treviso und Montefeltro in der Romagna (p. 23). Nur in so unbestimmter Weise wird auf die früheren Commentatoren Bezug genommen, nirgends einer von ihnen genannt. Doch lässt sich erkennen, dass Guiniforte, wie in der Form, so auch in der Sache, sich am meisten an Franc. Buti anschliesst und diesen Vorgänger stark benutzt hat. Uebereinstimmend ist nicht nur die Auffassung der Allegorie des ersten Gesangs, die sich lediglich nur um die Allgemeinheiten von Tugend und Laster bewegt, sondern, wo sich die Benutzung noch deutlicher zeigt, die Auslegung des Einzelnen, wie z. B. die missverstandene Deutung von Vers 41: Sì che a beno sperar m' era cagione di quella fera alla gajetta pelle, wo beide mit der abweichenden Lesart di quella fiera la gajetta pelle das Verbum sperare als Transitivum nehmen: so dass die Tagesstunde und die schöne Jahreszeit mir gute Hoffnung auf die Haut des Thieres gaben, d. h. das Thier zu überwinden (ebenso haben dies noch Landino und Vellutello erklärt), und die nicht üble Auslegung von Vers 70: Nacqui sub Julio, ancorchè fosse tardi, welchen Boccaccio und Benvenuto de Imola nicht zu erklären wussten, in dem Sinne: Virgil sei zu spät unter Cäsar geboren worden, um sich ihm noch als Dichter zu zeigen und von ihm geehrt zu werden. Wörtlich nach Buti sind bei Vers 8 des zweiten Gesangs: O mente che scrivesti die bezeichnenden Ausdrücke für die verschiedenen Functionen von Seele und Geist gegeben (p. 31 vgl. Buti p. 60*), wie Buti dies seinerseits aus Pietro di Dante (p. 52) genommen hat. Uebereinstimmend mit Buti ist ebenso

---

*) Chiamasi anima in quanto vivifica il corpo, mente in quanto pensa e intende, animo in quanto vuole, ragione in quanto discerne e giudica lo diritto, memoria in quanto si ricorda, spirito in quanto spira, sentimento in quanto sente.

die Erklärung der drei himmlischen Frauen als zuvorkommende, erleuchtende und mitwirkende Gnade, und warum Lucan unter den vier Dichtern (Inf. IV, 90) zuletzt genannt ist, weil er nämlich mehr Historiker als Dichter war; wie die Angabe, dass Seneca dem Apostel Paulus befreundet gewesen sei und mehrere Briefe an ihn geschrieben habe, wesshalb er auch von dem h. Hieronymus unter die Zahl der Heiligen aufgenommen worden sei (p. 101 vgl. Buti I, 140) u. a. m.

Andere, besonders historische Einzelheiten, sind aus dem Commentar des Boccaccio geschöpft, wie z. B. über Elettra, Tochter des Attalante (p. 92), Saladins Reise im Incognito (p. 95), die Philosophen Aristoteles, Sokrates u. a. (p. 97), Semiramis, Dido, Cleopatra (p. 113) u. a. Doch hat Guiniforte hier und sonst auch die alten Quellen, wie z. B. über Attila (p. 299) die Historia miscella (Lib. XV, 3—9) benutzt, in der Regel ohne sie zu nennen; nur ausnahmsweise findet sich einmal die Cronaca Martiniana und zwar in ihren Zusätzen citirt (p. 449 secondo le addizioni della Cronaca Martiniana), wo der Commentator die Zeitfolge der von Dante (Inf. XIX) erwähnten simonistischen Päpste richtiger als andere angibt. Wie derselbe überall weit entfernt ist, den Leser mit unnöthiger Gelehrsamkeit zu belästigen, so hat er sich auch nicht die Mühe genommen über Dante's Leben und seine Zeitgeschichte, selbst wo es nothwendig zur Erklärung gehörte, in den Quellen nachzuforschen, denn was er hierüber beibringt, ist ganz oberflächlich und allgemein gehalten. Ueber Dante's Schicksal z. B. berichtet der Commentator zu Inf. XV nichts mehr als dass er in der Parteiung der Schwarzen und Weissen zum gemeinen Besten geredet habe, wesshalb, wie man sagt (onde dicesi), er bei den Machthabern des Staats verdächtig wurde und Florenz verlassen musste (p. 363). Warum ein altes Sprichwort die Florentiner blind nenne, sei nicht nöthig weiter zu untersuchen (ib.); die Legende von der verhängnissvollen Heirat des Ritters Buondelmonte ist ohne Namen und nähere Umstände bloss nach dem, was man sagt (dicesi), mitgetheilt (p. 636), die Geschichte des gibellinischen Parteihauptes Messer

Farinata degli Uberti nach dem, was der Commentator bei den alten Auslegern des Dichters gefunden (p. 231, secondo ch' io ho raccolto da altri spositori). Nicht einmal die Chronik des Villani, so wenig wie eine andere Geschichtsquelle aus Dante's Zeit, scheint Guiniforte gekannt zu haben! Sein Commentar ist überhaupt nach der historischen Seite hin völlig werthlos. Die elegante Oberflächlichkeit, welche darin vorherrscht, charakterisirt in gleicher Weise den Autor als Orator und Diplomat des mailändischen Hofs, wie seinen fürstlichen Auftraggeber und das vornehme Publicum, für welches er schrieb.

13. **Comento di Christophoro Landino Fiorentino sopra la comedia di Dante poeta excellentissimo, 1481, impresso in Firenze per Nicholo di Lorenzo della Magna** (s. die Beschreibung dieser editio princeps sowie der zahlreichen späteren Ausgaben bei De Batines T. I).

Der grosse Commentar des Cristoforo Landino führt uns in die wissenschaftlichen Studien und das geistige Leben des Mediceischen Gelehrtenkreises zu Florenz ein. Im J. 1434 zu Florenz geboren,*) gewann Landino die Gunst des feinsinnigen Cosimo dei Medici, theilte die philosophischen Studien des berühmten Uebersetzers des Platon und des Plotin, Marsilio Ficino, erhielt 1457 den Lehrstuhl der Poesie und Beredsamkeit in Florenz und nahm später, als Secretär der Republik und Kanzler der Guelfenpartei, auch Antheil an den öffentlichen Geschäften; er überlebte noch den Enkel des Cosimo, den erlauchten Lorenzo dei Medici, welchen er zu seinen Schülern zählte, und starb 1504 zu Pratovecchio, wo er die letzten Jahre in stiller Zurückgezogenheit zubrachte. Neben anderen literarischen Ar-

---

*) Bandini, Specimen litteraturae Florentinae saec. XV, 2 Voll. Flor. 1748 vgl. A. v. Reumont, Lorenzo de' Medici I, 561, II, 40. Tiraboschi, Storia Lib. III § 51 hat nach einer Briefstelle das gewöhnlich als 1424 angegebene Geburtsjahr mit 1434 berichtigt.

beiten, lateinischen Poesien, Commentaren über Horaz und Virgil, einer Uebersetzung der Historia naturalis des Plinius und einer moral-philosophischen Abhandlung unter dem Titel: Disputationum Camaldulensium libri quatuor, ist der Commentar über Dante als sein Hauptwerk zu betrachten. Mit welchem Eifer das Studium des Dante zur Zeit Landins betrieben wurde, beweisen wie andere gleichzeitig in Florenz entstandene Schriften — die Uebersetzung von Dante's Monarchie durch Marsilius Ficinus, die Abhandlung des Antonio Manetti über die Gestalt und die Maasse der Hölle — so nicht minder die hohe Werthschätzung des Dichters von seiten des Lorenzo de' Medici selbst, welcher die göttliche Komödie von früher Jugend an auswendig wusste,*) am meisten aber der ausserordentliche Beifall, welchen Landins Commentar bei den Zeitgenossen fand.

Landin hat sein Werk im J. 1480 verfasst**) und im folgenden Jahr mit einer Widmung an die florentinische Republik herausgegeben. In der Widmung ist gesagt: nachdem er den allegorischen Sinn von Virgils Aeneis in lateinischer Sprache erklärt habe, wolle er nun auch den verborgenen und göttlichen Sinn der Komödie des Dante in toscanischer Sprache erläutern und zugleich den Text, gereinigt von barbarischen Idiomen, wodurch ihn die Commentatoren verdorben haben, in seiner wahren Lesung wiederherstellen. Von den früheren Commentatoren nennt er die beiden Söhne des Dante, Piero und Francesco (womit doch nur Jacopo gemeint sein kann), ferner Bonvenuto de

---

*) Quaestiones Camaldul. L. IV, wo Lorenzo, der den Dialog mit Leo Baptista Alberti führt, von sich sagt: Ego enim a prima pene pueritia ex utriusque parentis instituto adeo familiare universum opus Florentini poetae mihi reddidi, ut pauci omnino sint in eo loci, quos ego — non facile ad verbum exprimerem. Vgl. Lorenzo's Urtheil über die Dichter des 13. und 14. Jahrh. bei A. v. Reumont a. a. O. II, 3 ff.

**) Dieses Jahr ist von dem Autor selbst wiederholt angegeben, in der Ausgabe Dante con l'esposizione di Christ. Landino e d' Alessandro Vellutello, Venezia 1596 fol., welche ich gebrauche, f. 4ᵇ: nel presente anno 1480, f. 6ᵇ in quosto anno della salute 1480.

Imola, den Carmeliter Theologen Ricardo, Andrea von Neapel und den Juristen von Bergamo Guiniforte, rühmt aber vorzugsweise den Boccaccio wegen des sachlichen Werths seines Commentars, wiewohl er ihn nicht bis über die Hälfte des ersten Theils fortgesetzt habe, und neben diesem den Francesco Buti, der in Pisanischer Sprache (in lingua Pisana) am meisten dafür gethan, den allegorischen Sinn des Gedichts zu enthüllen. Auffallender Weise geschieht hier keine Erwähnung weder von Jacopo della Lana noch von Ottimo, woraus zu schliessen, wie sich dies auch durch die Nichtbenutzung beider noch mehr bestätigt, dass sie ihm völlig unbekannt waren.

In welchem höheren Sinn als die früheren Commentatoren Landino die göttliche Komödie erfasst und erklärt haben will, entnehmen wir schon im allgemeinen aus der von ihm vorausgeschickten Betrachtung über das Wesen und den göttlichen Ursprung der Poesie. Nach Aristoteles und Plato waren in den ältesten Zeiten die Dichter zugleich Theologen; die Poesie ist nicht bloss eine der freien Künste, sondern viel göttlicher als diese umfasst sie alle miteinander, kleidet alles menschliche Denken und Wissen in wunderbare Erfindungen ein und überträgt es in andere Formen; während sie den Schein annimmt, von niedrigen Dingen zu erzählen und blosse Fabeln zur Ergötzung müssiger Hörer vorzutragen, verbirgt sie darunter das Höhere, das aus der Quelle der Gottheit stammt.

Aehnlich wie Marsilius Ficinus die christliche Religion und Theologie mit der Philosophie der Alten verband, ohne sie doch ineinander aufgehen zu lassen, war Landino bemüht, unter der Hülle der Dichtung die verborgene Weisheit und höchste Wissenschaft aufzudecken. Als treuer Interpret will er unter Anrufung der göttlichen Hülfe, nicht bloss den buchstäblichen Sinn von Dante's Dichtung, sondern auch den allegorischen, tropologischen und anagogischen eröffnen, welche drei Sinne er jedoch wegen ihrer nahen Verwandtschaft unter dem Begriff des allegorischen zusammenfasst.

Also Allegorie ist das wahre Wesen der Poesie! Diese Auffassung hat für Dante's Dichtungen die gute Berechtigung, dass ja der Dichter selbst sich zu ihr bekennt und danach, wie im Convito seine Canzonen, so in dem Widmungsbrief des Paradieses an Can della Scala die göttliche Komödie selbst ausgelegt hat: doch mit der gleich wesentlichen Begrenzung, ohne welche die Dichtung nur ein unnützer Umweg oder überflüssiger Zierrath wäre, dass sie auch an sich d. i. im buchstäblichen Sinne schön sei, wie Dante seine zweite Canzone am Schluss zu denen sagen lässt, die ihren inneren Sinn nicht verstehen: Ponete mente almen com' io son bella. Nun ist aber sehr bemerkenswerth, wie Landin mit der philosophischen Bildung des akademischen Kreises, dem er angehörte, ausgehend von Dante's allegorischer Dichtung, die gleiche Interpretation auf dessen antikes Vorbild, den Virgil, überträgt und wieder von hier aus zu Dante zurückkehrend, diesen gleichsam überallegorisirt. Um sich daher mit solcher Anschauungsweise näher vertraut zu machen ist es nöthig, vorerst einen Blick auf seine Erklärung von Virgils Aeneis zu thun, wie er sie nach ihrem ganzen Zusammenhang in den von ihm selbst im Dante-Commentar öfter citirten Disputationes Camaldulenses vorträgt.*)

Dort nämlich werden in den beiden ersten Büchern die allgemeinen Principien der Ethik in Bezug auf das beschauliche und thätige Leben und auf die Frage nach dem höchsten Gut behandelt und davon im dritten und vierten die Anwendung auf die Aeneis gemacht. Was unter Troja, Aeneas, Italien zu verstehen sei, soll gezeigt werden. Aeneas ist das Sinnbild des irrenden Menschen, der endlich zum Ziel der Tugend und wahren Glückseligkeit gelangt; der Held vertheidigt Troja, das Land seiner Heimat, das Sinnbild der sinnlichen Lust, worin der in sie versunkene Paris untergeht. Seine himmlische Mutter Ve-

---

*) Landin war übrigens nicht der erste, der die allegorische Erklärung auf die Aeneis anwendete. Abgesehen von dem älteren Werk des Fulgentius, Virgiliana Continentia (s. Ad. Ebert, Gesch. der Literatur des M. A. S. 457) finden sich ganz ähnliche Deutungen schon bei Petrarca in seiner Schrift De contemptu mundi, s. Körting, Petrarca's Leben und Werke, 1878, S. 504.

nus ist die göttliche Liebe, welche ihn antreibt Troja zu verlassen, wo ihn sein irdischer Vater Anchises festhalten will, um Italien, das Land der Tugend und Glückseligkeit, welche in der Erkenntniss der göttlichen Dinge besteht, aufzusuchen. Die Irrfahrten der Reise und die Hindernisse, denen er begegnet, sind die sinnlichen Begierden und Leidenschaften: Thracien, wo Mars verehrt wird, bedeutet die Habsucht (habendi libido), den auf Erwerb durch Gewaltthat gerichteten Sinn; Kreta, wohin die Fahrt durch Missverständniss des Ausspruchs von Apollo zuerst geht, stellt die Macht vor, welche der Sinnenreiz über uns ausübt; die Harpyien bedeuten den Geiz, Scylla und Charybdis wiederum die grossen Begierden der Wollust und Habsucht, die Cyclopen die Menschen verzehrende wilde Tyrannei. Sicilien ist das Land der niederen Vernunft, abgerissen von Italien als dem Lande der höheren Vernunft; Karthago das Bild des wohleingerichteten Staats und des thätigen Lebens, wie Italien das des beschaulichen; Dido bedeutet die schwache durch falsche Ueberredung und Unenthaltsamkeit zu Fall gebrachte Tugend. Aeneas muss erfahren, dass zur Erkenntniss der höheren Dinge nicht zu gelangen ist, ohne die niederen zu verachten: die Göttin Juno, welche ihm immer neue Hindernisse bereitet, ist das Sinnbild der Ehre und Herrschaft; durch die Ermahnung des Götterboten und durch die Rücksicht auf den Sohn und künftigen Erben, Ascanius, welcher das zukünftige und ewige Leben bedeutet, wird Aeneas bewogen, Karthago und Dido zu verlassen; er erreicht endlich Italien, muss aber dort erst noch in die Unterwelt hinabsteigen, um die Welt der Laster in ihrem ganzen Umfang kennen zu lernen und sich von ihrer Schuld zu reinigen, damit er zu den Elysischen Feldern gelange.*) Hiermit schliesst die Erklärung der Aeneis, nachdem sie ihr Ziel mit dem Abschluss der Allegorie schon

---

*) Hac igitur ratione impulsus Maro, cum ad summum bonum perducere hominem velit, ita Aeneam instituendum curat, ut primo vitia omnia edoceat, deinde illis cum expiatum ad campos Elysios perducat.

lange vor dem Ende des Gedichts selbst erreicht hat; ihre Fortsetzung durch alles weitere könnte nur ermüdende Wiederholung derselben Gedanken in anderer Einkleidung sein und würde damit nicht minder die Ueberflüssigkeit des ganzen Restes der Dichtung darthun.

Man sieht, dass Landin in seiner Erklärung des Virgil nicht bloss die allegorische Auffassungsweise, sondern auch den Grundgedanken der Allegorie selbst nebst ihrer ganzen Ausführung aus Dante's göttlicher Komödie herübergenommen hat, so dass eigentlich beide, das antike und das moderne Epos, nur mit anderen Symbolen ein und dasselbe bedeuten; seine Meinung ist aber natürlich nicht, wiewohl er dies wirklich thut, den alten aus dem neueren Dichter zu erklären, sondern umgekehrt den Virgil als Dante's Vorbild in den Grundgedanken der göttlichen Komödie wiederzufinden.

Hier beginnt die Wanderung durch die jenseitigen Reiche mit der Verirrung des Menschen im Walde — der wie die griechische Hyle den körperlichen Leib, welcher die Seele gefangen hält, bedeutet — und endet mit der speculativen Anschauung des höchsten Guts in der Gestalt der göttlichen Dreieinigkeit. Der Mensch weiss nicht, wie er in den Wald kommt, d. h. wie seine Seele in den Leib eintritt, womit er viele Fehler annimmt, wesshalb er in diesem Punkt voll Schlafs ist, bis die Vernunft auf der Mitte des Wegs, womit kein bestimmtes Lebensjahr gemeint sein soll, erwacht. Der rechte Weg ist die moralische Tugend als Mitte zwischen zwei fehlerhaften Extremen; um ihn zu finden, bedarf es des Lichts der Vernunft. Der Berg, zu welchem er hinaufführt, ist die Contemplation, auf dessen Höhe die Sonne der Weisheit leuchtet, wie bei Virgil der goldene Zweig, den die Tauben dem Aeneas anzeigen; fest steht immer der untere Fuss beim Aufsteigen, weil die Contemplation in der Ordnung des Denkens fortschreitet, oder so dass (wie auch Buti annimmt) der untere Fuss die Liebe zu den geringeren Dingen bedeutet, von wo aus der andere zu den höheren aufsteigt. Die drei Thiere, welche als Hindernisse in den Weg treten, sind dieselben Verirrungen, welche den Aeneas von dem höchsten Gut als dem Ziele seiner Fahrt abhielten: das Pantherthier, als sinnliche Lust, ist dort Troja, welches Aeneas nicht verlassen wollte, bis ihm seine Mutter Venus die göttliche Liebe einflösste; die Wölfin, als Habsucht, ist dort Thracien, die strophadischen Inseln und noch vieles andere; der Löwe, als Ehrgeiz, ist dort die den Trojanern feindliche Göttin Juno. Virgil selbst, der dem verirrten Menschen zu Hülfe kommt, bedeutet allegorisch die Moralphilosophie und die heidnische Wissenschaft (allegoricamente piglia Virgilio per la filosofia morale et per tutta la dottrina de' gentili): er erscheint heiser, weil die Vernunft in dem von Sinnlichkeit befangenen Menschen sich anfangs nur schwach vernehmen lässt (so erklärte dies schon Pietro di Dante), oder weil die lateinische Sprache und insbesondere Virgil viele Jahrhunderte hindurch nur schlecht verstanden wurden; unerklärt lässt Landin den Vers: Nacqui sub Julio ancorchè fosse tardi. Die Weissagung von dem Windhund, welcher die Wölfin in die Hölle zurücktreiben und Italien retten wird, ist von dem Dichter absichtlich dunkel gehalten, gleichwie bei Virgil: Jam redit et virgo, redeunt Saturnia regna. Landin will sie mit vielen anderen Auslegern auf Christus beziehen, welcher den Menschen statt der Unwissenheit Weisheit, statt des Ungehorsams Liebe und statt der Laster moralische Tugend einflössen wird, und erklärt (wie Pietro di Dante und andere) tra feltro e feltro: cioè tra cielo e cielo, weil der Himmel mit dem im Filz verdichteten Haar zu vergleichen sei: also ist die künftige Erscheinung Christi als des Weltrichters gemeint und unter Italien jedes Land zu verstehen, wo man im Christenthum lebt. Hierzu kommt aber noch die bemerkenswerthe Aeusserung des Commentators: Dante habe als vortrefflicher Mathematiker gewisse Revolutionen der Himmel vorhergesehen, durch deren wohlthätigen Einfluss die Habsucht aufhören werde; und in der That sei am 25. November 1484 eine Constellation von Saturn und Jupiter im Scorpion zu erwarten, womit eine Religionsverbesserung angekündigt werde, zwar nicht der Religion selbst, denn keine kann wahrer sein als die unsrige, aber eine Besserung des Lebens und der Regierung des christlichen Reichs (f. 7ᵇ: la onde non potendo essere religione alcuna più vera che la nostra, havrò adunque ferma speranza che la Republica christiana si ridurrà a ottima vita et governo). Also Weissagung von einer nahe bevorstehenden Kirchenreformation! Uebrigens hatte auch schon Pietro di Dante den Veltro und Dux bei der Conjunction der genannten Planeten im J. 1344 oder 1345 erwartet (s. oben S. 27.)

Zum Anfang des zweiten Gesangs gibt die Anrufung der Musen und des Genius der Dichtung Landino die Veranlassung zur allegorischen Erklärung der ersteren nach Boccaccio, und zu einer philosophischen Abhandlung über die Seelenkräfte, deren Terminologie er, ebenso wie Guiniforte, aus Pietro di Dante oder Buti (s. o.) entlehnt. Weiter folgt eine Erörterung über das thätige und das beschauliche Leben, wovon der Autor bereits ausführlich in den camaldulensischen Disputationen gehandelt hat, denn Aeneas und Paulus, auf deren Vorgang sich Dante bezieht, bedeuten wieder nichts anderes als der erstere das thätige, der andere das beschauliche Leben, wie Dante selbst die niedere und Virgil die höhere Vernunft.

So bewegt sich dieser weitschichtige Commentar von Anfang bis zu Ende immer nur in demselben Kreis moralphilosophischer Begriffe, worin jede Schönheit der Poesie in dem farblosen Grau der Abstraction untergeht. Die Dichtung verstehen, heisst hier nicht bloss den dichterischen Gedanken auffinden, wo und in der Art, wie er ihr wirklich zu Grunde liegt, sondern sie wird als die mehr oder weniger durchsichtige Hülle eines philosophischen Systems aufgefasst, welches ihr erst den angeblich höheren Werth verleihen soll. Und diese Art der Auslegung erstreckt sich mit gleicher Sicherheit wie auf den Sinn des Gedichts, so auch auf die darin vorkommende Mythologie, die heilige und profane Geschichte. So z. B. bedeutet der Fährmann der Unterwelt bei Dante wie bei Virgil, nach Landins Ausführung in beiden Commentaren, den Uebergang des menschlichen Willens zum Sündigen, der Fluss Acheron die Bewegung der Seele zur Sünde, Charon die freie Willkür, das

Schiff den Willen, das Ruder, womit es gelenkt wird, die Wahl. Der Höllenrichter Minos ist das Gewissen der Verdammten und der Schweif, durch dessen Umschlingungen er jedem seinen Ort anweist, drückt als hinterster Theil des thierischen Körpers symbolisch aus, dass der sündige Mensch die Gewissensbisse erst hinterher am Ende seines Lebens empfindet! Der Höllenhund Cerberus mit seinen drei Rachen bedeutet die leiblichen Bedürfnisse als Essen, Trinken und Schlafen, ohne welche das Thier nicht leben kann; die drei Gesichter des Lucifer von verschiedener Farbe, das rothe den Zorn, das weisse die Habsucht oder den Neid, das schwarze die Trägheit! Die Flucht Israels aus Aegypten ist das Verlassen der Religion der Heiden, wobei der Herr Gold und Silber mitzunehmen befahl, nämlich das Gold der Weisheit und das Silber der Beredsamkeit (f. 11^b), und dergleichen mehr.

Bemerkenswerth ist auch noch, wie Landin, durch blosse Umdeutung in die Abstraction, den Dichter auch da zu rechtfertigen weiss, wo er sich im Widerspruch mit seinem politischen System oder wenigstens dessen historischer Begründung findet. Dies ist namentlich der Fall bei der Erklärung der wichtigen Stelle Inferno XXXIV, wo Brutus und Cassius zugleich mit Judas Ischarioth als Hauptverräther des Menschengeschlechts im untersten Höllenpfuhl durch Lucifer zermalmt werden. Landin hat sich anderswo als entschiedener Guelfe bekannt:[*] wie wird er sich nun mit dem Gibellinismus Dante's vertragen? Sein historisches Urtheil über Cäsar und Brutus ist total verschieden von dem des Dichters und einigermassen auffallend bei einem Bewunderer und Diener des Lorenzo dei Medici. Denn von Cäsar sagt er, bei aller sonstigen Anerkennung seiner grossen Thaten und Eigenschaften, dass er damals, als er nach Tyrannei

---

[*] In einem Brief an Maestro Paolo Lucchese (abgedruckt in Bandini, Specimen litt. Flor. II, 116) setzt er diesem auseinander, dass die guelfische Gesinnung die allein wahre und florentinische sei, die, welche auch die päpstliche Autorität gegen die Angriffe der falschen Tyrannei vertheidigt habe.

strebend den Rubico überschritt, aus einem vortrefflichen Menschen ein höchst grausames Thier (immanissima fiera) geworden sei und alle empfangenen Wohlthaten der Republik nur mit schändlichen Verbrechen vergolten habe; und wie es keine grössere Bürgertugend gebe, als das an dem Vaterland begangene Unrecht zu rächen, so sei nach den Gesetzen einer jeden gut eingerichteten Republik der Mord des Tyrannen immer als höchstes Verdienst geachtet und belohnt worden; darum glaube er auch, dass gleichwie der heilige Gregor durch seine Fürbitte den gerechten Kaiser Trajan aus der ewigen Verdammniss zur höchsten Glückseligkeit errettete, ein andrer Gott gefälliger Heiliger dasselbe für Brutus erwirkt habe. Dennoch will Landin den Dichter wegen seiner Conception keineswegs tadeln, vielmehr dessen wahre Meinung darlegen: nämlich unter Cäsar verstehe derselbe nicht den historischen Julius Cäsar, sondern das Reich (l'imperio) und unter Brutus und Cassius nicht die, welche jenen verbrecherischen Freiheitsräuber ermordeten, sondern die, welche den wahren Monarchen tödten (per chi uccide il vero Monarca). Wem fällt hierbei nicht Goethe's Spruch ein? ‚Im Auslegen seid frisch und munter, legt ihr's nicht aus, so legt was unter'.*)

In solcher Weise hat Landin, die Divina Commedia umdeutend, wie er sich rühmt, seine Vorgänger Boccaccio und Buti, welche sich am meisten bemüht hatten den allegorischen Sinn des Gedichts zu öffnen, durch tiefere Forschung übertroffen.**) Diese beiden hat er auch vorzugsweise benutzt, daneben gelegentlich noch den Pietro di Dante zu Rath gezogen, in der Regel ohne sie besonders zu citiren, nachdem er sie im allgemeinen im Vorwort genannt hat. Bei der geschichtlichen Auslegung aber diente ihm neben Boccaccio vorzugsweise Benvenuto da Imola als Quelle. Auch da wo beide nur aus Vil-

---

*) Vgl. übrigens hierzu Vellutello unten.

**) Ma a me è paruto di-ripetere la mente et il proposito di Dante da più alto principio et investigare in lui con perpetuo tenore più recondita dottrina.

lani schöpften, erspart sich Landin gewöhnlich die Mühe auf den Chronisten selbst zurückzugehen: so erzählt er z. B. die Geschichte von der Heerfahrt der Pisaner nach den Balearen zu Inf. XV, 67 nur nach Boccaccio den er citirt, und schreibt aus Benvenuto da Imola zu Inf. XII, 134 die Geschichte von Attila ab, wie aus dem von ihm mit herüber genommenen falschen Citat: come scrive Paolo Diacono (vgl. Benv. da Imola, Tambur. I, 315), ersichtlich ist. Aus Boccaccio (Lez. 46) ist zu Inf. XII, 110 die Geschichte des Tyrannen Ezzelin da Romano nebst den Citaten aus der Tragödie des Paduaners Mussatus und der Chronik des Villani abgeschrieben, aus Benvenuto (Tambur. I, 268) zu Inf. X, 119 die schlechte Anekdote, wie Kaiser Friedrich II die Prinzessin von Antiochia verführte (s. o. S. 48). Doch spricht Landin bei dieser Gelegenheit, trotz seiner guelfischen Gesinnung, ein unbefangeneres Urtheil als das sonst landläufige über den grossen Kaiser aus, wenn er von ihm sagt, dass er mit grosser kriegerischer Kraft und hohem Geist begabt, gleich gefürchtet von den Christen wie von den Sarazenen war, und wäre er nicht durch den Trug des Papstes gereizt worden, so hätte er sich auch wohl nicht so grausam gegen die Kirche bewiesen, so dass man ihn mit Recht unter die Ketzer gesetzt habe (f. 64ᵃ).

Dass übrigens Landin natürlich auch den wichtigsten Chronisten seiner Vaterstadt gekannt hat, beweisen andere Stellen, wo er Villani unmittelbar benutzte. So erzählt er zu Inf. XIII, 149, mit Berufung auf Villani, die Sage von der Zerstörung von Florenz durch Attila, fügt aber aus Benvenuto (s. Tambur. I, 343), den er nicht nennt, die kritische Bemerkung hinzu, dass Paulus Diaconus nichts von Attila's Ankunft in Toscana und Florenz wisse, und aus eigner Kenntniss die andere in Bezug auf die angebliche Wiedererbauung von Florenz durch Karl den Grossen, dass ‚Alchindo', welcher mit grossem Fleiss die Thaten Karls beschrieb, nur von einem zweimaligen Aufenthalt desselben zu Ostern in Florenz berichte: — wo man den räthselhaften Namen des Chronisten wohl als Alcuin zu erklären hat, doch so dass er, weil Alcuin selbst keine Geschichte des grossen Karl geschrieben hat, allegorisch etwa den Eginhard bedeutet.*)

Ueber die Parteikämpfe von Florenz zu Dante's Zeit ist zu Inf. VI, Purgat. XX, 70, nur Villani in aller Kürze excerpirt. Zu Inf. X, 91 citirt Landin bezüglich der Rede, welche der Gibellinenführer Farinata degli Uberti in Empoli gehalten hat, die florentinische Geschichte des Leonardo Aretino, worin jene mehr als bei Villani VI, 81 oratorisch ausgeschmückt ist. In der Lebensgeschichte des Dichters, welche dem Commentar vorausgeschickt ist, ist nichts enthalten, was nicht schon in der Vita von Boccaccio und in der von Leonardo Aretino zu finden wäre. Und was sonst der Commentar über Persönlichkeiten und Thatsachen aus Dante's Zeit bringt, ist meist nur nach Benvenuto wiederholt, wie z. B. die Geschichte von dem Kirchendiebstahl des Nanni Fucci in Pistoja zu Inf. XXIV, 125 (vgl. die Uebers. von Tamburini I, 579) u. a.

Bei solcher im ganzen nur dürftigen Quellenbenutzung ist nun aber schliesslich noch eine Quelle hervorzuheben, welche unsere Aufmerksamkeit im besonderen Grade auf sich zieht, weil sie den in neuester Zeit viel besprochenen Ricordano Malespini betrifft. Bei der Aufzählung der alten florentinischen Geschlechter nämlich in Parad. XVI führt Landin zu f. 85 diesen Chronisten unter dem Namen Perdano Malespini an, als einen sehr zuverlässigen Schriftsteller aus der Zeit von 1200,**) theilt aus ihm die Beschreibung des ersten Umkreises des römischen Florenz (nach Malesp. ed. Giannini c. 27), wie die des zweiten nach Wiederherstellung der Stadt durch Karl

---

*) Wiewohl auch die Lorscher und Eginhards Annalen nur von einem Weihnachtsaufenthalt Karls im J. 786 berichten. Das Citat stammt vermuthlich aus derselben sagenhaften Quelle, nach welcher Villani III, 3 die Ankunft Karls in Florenz nach dessen Wiederherstellung erzählt, woselbst er zu Ostern 805 viele Ritter geschlagen und die Kirche von St. Apostolo im Borgo gegründet haben soll.

**) f. 339ᵃ: E noi a questa parte felice acconsentiamo a Perdano Malespini scrittore di croniche, huomo se non dotto e eloquente, almen molto fedele et diligente, et che in tutto le cose s'ingegna di indurre

den Grossen (nach c. 44) wörtlich mit, und folgt ihm weiter noch (nach c. 57 und 58) in dem langen Geschlechterverzeichniss nebst Angabe ihrer Wohnorte in der Stadt, wobei er jedoch mehrere Einschaltungen bezüglich derjenigen Geschlechter macht, welche dort nicht genannt sind, aber in späterer Zeit berühmt waren, obenan die Medici und mit diesen die Altoviti, Ricci, Albizzi, Strozzi u. a.;*) ebenso bei der späteren Stelle Parad. XVI, 136, wo von dem Anfang der Parteiung in Florenz die Rede ist, in dem Verzeichniss der guelfischen und gibellinischen Geschlechter, wo Malespini (c. 105) in Einzelheiten von Villani (V, 39) abweicht.

Es ergibt sich aus dieser Benutzung der Chronik des Malespini, dass Landin an der Echtheit und Glaubwürdigkeit derselben, deren Abfassungszeit er in die Zeit setzt, welche ihr Autor selbst angibt (c. 41), nicht im mindesten zweifelte, wobei die Art und Weise, wie er sie anführt und dem Leser bekannt macht, zugleich darthut, dass sie im allgemeinen nur wenig bekannt war. An einem andern Ort (Ueber die Anfänge der florentinischen Geschichtschreibung, Historische Zeitschr. 1876 S. 60) habe ich die Vermuthung ausgesprochen, dass die von Scheffer-Boichorst erwiesene Fälschung des Malespini wahrscheinlich aus dem Kreise der seit 1343 aus Florenz vertriebenen Rittergeschlechter hervorgegangen sei. Später als das 14. Jahrhundert kann die Zeit ihrer Abfassung nicht gesetzt werden, wenn die Angabe des Herausgebers Follini (Fir. 1816), dass eine Hds. der Magliabechiana diesem Jahrhundert angehöre, richtig ist. Doch habe ich noch keine frühere Erwähnung der Chronik als bei Landin gefunden. Der von ihm gebrauchte

---

testimonio. Costui fu nell' anno mille e dugento della nostra salute. Furono adunque le prime mura etc. Derselbe Name Perdano M. ist nachher noch zweimal genannt, gleichlautend in allen Landinausgaben die ich gesehen.

*) Dipoi furono chiamate dal popol Fiorentino et anco donate dal lato della civilità dodici famiglie, tra le quali furono Medici, i quali molte volte hanno havuto la somma del governo della Fiorentina Republica, et Altoviti etc.

Vorname Perdano ist sonst nicht weiter beglaubigt; aber auch der gewöhnlich angenommene Ricordano hat keine sichere Gewährschaft, da die Lesung der Hss. selbst schwankt und Ricordano überhaupt sonst nicht als Namensform vorkommt (s. die Vorrede von Follini, welcher dafür Guardino setzen möchte). —

Im allgemeinen gilt von den Dante-Commentaren des Mittelalters, die wir der Reihe nach durchgenommen haben, dass je weiter sie von der Zeit des Dichters abliegen, um so geringer ihr Werth für die geschichtliche Erklärung der göttlichen Komödie ist. Das Interesse an der Zeitgeschichte des Dichters erscheint in dem Maasse abgeschwächt, als die Commentatoren sich wenig oder gar nicht mehr von den grossen Gegensätzen der Kirche und des römischen Reichs, wie der politischen Parteien, in denen Dante lebte, innerlich berührt fanden. Wenn noch Guiniforte in Mailand Scheu trug von den florentinischen Parteien viel zu sagen, um nicht alte Leidenschaften und Schmerzen aufzuregen, so zeigt der wenig spätere Florentiner Landin keine Spur mehr von Bedenken solcher Art, und wenn jener es vermied über das Verderben der Kirche und die Ausartung der Geistlichkeit sich auszulassen, um nicht an einer gefährlichen Klippe anzustossen, so steht Landin auch in dieser Beziehung auf freierer Höhe, ohne doch darüber, gleichwie als eine selbstverständliche Sache, viel Worte zu machen, und völlig kalt lässt ihn der Schmerzensausruf des Dichters über die Zustände Italiens in Purgat. VI, der noch bei Benvenuto von Imola einen so tiefgefühlten Wiederhall fand.

Die eigenthümliche Bedeutung des berühmten Werks von Landin liegt, wie wir sahen, in der allegorischen Erklärung, welche hier schliesslich auf eine solche Spitze getrieben ist, dass die göttliche Komödie nur als Einkleidung eines allgemein gültigen moralphilosophischen Systems erscheint. Und diese Auffassung entsprach so sehr der herrschenden Bildung der Zeit, dass fortan die älteren Commentare durch den von Landin verdrängt wurden und fast in Vergessenheit kamen. Nur wenige

Jahre vorher war zu Mailand 1478 die Dante-Ausgabe von Nidobeat erschienen, worin Terzago Guidi von Novara in dem sie begleitenden Commentar noch den Jacopo della Lana zu Grunde gelegt hatte.*) Nach der ersten Veröffentlichung des Landinischen Commentars folgten im 15. und 16. Jahrhundert eine ganze Reihe von neuen Abdrücken, die meisten in Venedig, welche den deutlichen Beweis von der hohen und allgemeinen Werthschätzung wie des Dichters so des Commentators abgeben.**)

Nicht früher als 1544 wagte es Alessandro Vellutello aus Lucca (gest. 1566) mit einem neuen Dante-Commentar hervorzutreten.

14. **La Comedia di Dante Aligieri con la nova espositione di Alessandro Vellutello. Vinegia per Francesco Marcolini 1544.**

Das Werk ist dem Papst Paul III gewidmet, und zwar weil er als Nachfolger des höchsten Monarchen über alle drei Reiche, von denen der Dichter handelt, herrsche. Man wird hiernach überall eine stark guelfisch ausgeprägte Tendenz erwarten; doch spricht sich solche sonst weder überhaupt, noch im Gegensatz gegen den Dichter aus, und dass sie Vellutello nicht in der unbefangenen Auslegung hinderte, beweist z. B. dass er noch weniger als Landin Bedenken trägt, den grossen Verzicht aus Feigheit (Inf. III, 59) auf die Abdankung des Papstes Cölestin V zu beziehen, wobei er den Dichter nicht etwa damit rechtfertigt, dass die Heiligsprechung

---

*) Nach Witte's Bemerkung, Dante-Forschungen S. 364 hat Terzago jedoch den ursprünglichen Commentar vielfach verändert und bedeutende Zusätze hinzugefügt.

**) De Batines Bibliografia Dantesca I p. 36—59 beschreibt 7 Ausgaben aus den beiden letzten Decennien des 15. Jahrh., hält aber mindestens 15 für authentisch.

dieses Papstes erst später erfolgte, sondern seine Meinung sei, dass Cölestin durch seinen Verzicht der Kirche einen schlechten Dienst erwiesen habe.

Im Vorwort rechtfertigt Vellutello seine neue Textesausgabe der Divina Commédia damit, dass der hochgeschätzte Aldinische Druck (Venetiis aedibus Aldi MDII) ebenso fehlerhaft sei, wie die meisten Handschriften, wesshalb er den Text so berichtigt habe, dass selbst der wiederauferstandene Dante es nicht besser gekonnt hätte; mit mehr Bescheidenheit sagt er dann von seinem neuen Commentar, dass, wiewohl fast jedermann sich bei der Erklärung des Christoph Landin beruhige, er doch seine von den früheren Auslegern häufig abweichende Auffassung der Worte und des Sinns nicht habe zurückhalten wollen. Uebrigens zeigt sich Vellutello seinem Vorgänger Landin so sehr geistesverwandt, dass er ihm sowohl in der Art und der Anwendung der allegorischen Erklärung, als auch in den einzelnen Auslegungen öfter folgt, als von ihm abweicht, wobei er jedoch im allgemeinen zwei Vorzüge vor ihm voraus hat, erstens den einer angemessenen Kürze und zweitens, dass er nicht darauf ausgeht, ein moralisch philosophisches System in das Gedicht hinein zu interpretiren, oder wie er dem Landin und andern vorwirft, dass sie mehr sich selbst als das Gedicht auslegen (quelli espositori che lo sono a sè più che all' autore), sondern sich überall mehr an die Sache hält und was zu ihr gehört mit passenden Anführungen und Belegstellen aus den alten Autoren oder aus der heiligen Schrift und den Kirchenvätern erläutert. Während er unnützen Subtilitäten aus dem Weg geht, beweist er nicht selten ein richtigeres Urtheil oder besseren Geschmack, wie er z. B. gleich im Anfang der Landin'schen Deutung des Waldes als Hyle, Stoff oder Körper, widerspricht und darin die Menge der Irrthümer und falschen Wege, in denen sich der Mensch verirrt, erkennt, und wie er schon im Vorwort die Deutung des Windhunds auf Christus als Weltrichter oder auf eine vorhergesehene Constellation der Planeten verwirft und statt dessen zu der Stelle im ersten Gesang selbst zuerst die von den meisten Neueren angenommene

Erklärung bringt, wonach unter dem Windhund, als Feinde der Wölfin d. i. avarizia, das Oberhaupt der Gibellinen Can della Scala, Herr von Verona, verstanden wird. Seine von Landin abweichende Meinung spricht er, wie sonst oft, so bezüglich der schon erwähnten Aeusserung desselben über die Mörder des Julius Cäsar zu Inf. XXXIV mit den Worten aus: wäre es auch ihre Absicht gewesen, die frühere Freiheit in Rom wiederherzustellen, so hätten sie doch bedenken sollen, ob dies überhaupt möglich war und ob sie nicht durch Hinwegräumung des Cäsar den Zustand verschlimmerten; Cäsar sei kein Sulla oder Nero gewesen, sondern der Glanz des römischen Namens, ein Fürst, der alle andern vor und nach ihm an Hochherzigkeit übertraf, und der Himmel selbst habe durch Zeichen und Wunder sowie durch das Schicksal der Mörder seine Missbilligung ihrer That kund gegeben; Dante habe dies alles wohl erwogen und darum den Cäsar nicht unter die Tyrannen im Blutstrom gesetzt, sondern in den ersten Umkreis unter die edlen Trojaner, von denen er abstammte. Man sieht, wie Vellutello den Dichter aus ihm selbst erklären, ihm keine fremde Meinung unterschieben will.

Ich übergehe mit kurzer Erwähnung das besondere Verdienst, welches sich Vellutello in seinen Abhandlungen um die Beschreibung der drei Reiche des Jenseits nach Lage, Umfang und Gestalt erworben hat, worin er seine Vorgänger, die florentinischen Akademiker Antonio Manetti, Girolamo Benivieni und Landin, jedoch mit offenbar viel zu weitgehender mathematischer und astronomischer Bestimmtheit, zu übertreffen bemüht war.

Was die historische Erklärung betrifft, so bemerkt Vellutello im Vorwort, dass man ihm vielleicht vorwerfen werde, dass er allzu kurz darüber hinweggegangen sei, aber er wolle nicht Geschichtschreiber und Fabelerzähler sein, sondern sich bloss auf das nöthigste beschränken und im übrigen auf andere verweisen. Man findet daher in dieser Beziehung bei ihm nur wenig neues und selten andere als die schon von seinen Vorgängern benutzten Quellen, wie das Chronicon Veronense, worauf er sich für die Geschichte des Can Grande della Scala bezieht,*) welches nachmals von Muratori (SS VIII, 641) herausgegeben worden ist, und das Geschichtswerk des Gerardus über Ezzelin da Romano, von dem er sagt, dass es erst kürzlich bekannt geworden sei, welches sich in den Quellensammlungen von Leibnitz (Scriptores Brunswic. II) und Muratori (SS. Ital. VIII) abgedruckt findet.**)

Für die florentinische und speciell die Zeitgeschichte Dante's hat Vellutello, wie es scheint, nur die einzige Chronik des Villani als Quelle benutzt, aber er hat diesen trefflichen Gewährsmann offenbar besser als irgend einer seiner Vorgänger gekannt und genauer als sie überall nach Buch und Capitel citirt.

Als charakteristisch für die Commentatoren Landin und Vellutello mag endlich noch bemerkt werden, dass gleich wie jener, als guter Florentiner, noch an die Wunderwirkung des Marsbilds am Ponte Vecchio, so wie an die schützende Kraft der mit dem Haupte gegen Mailand gerichteten Statue des Löwen vor dem Palast der Signorie glaubte, freilich mit dem Vorbehalt, dass solcher Glaube nicht der Wahrheit unserer Religion entgegen sei***) — so Vellutello gelegentlich dem Dante den Geist der Weissagung zuschreibt, wenn er in Purgat. XI, 98 die Worte: o forse é nato chi l'uno e l'altro

---

*) Zu Inf. I, 101: faremo di lui questo poco discorso, et diremo haver trovato a Verona in alcuni antichi volumi scritti a penna da persone ignote et grossi, ma fidelissimi per molti scontri che n'abbiamo.

**) Zu Inf. XII, 109: secondo che scrive Pietro Gerardo autore in quei tempi di tutte le sue inaudite crudeltà, l'opera del quale è stata nuovamente posta in luce. Der Autor, der übrigens die Thaten des Ezzelin im günstigsten Lichte darstellt, ist Gerardus de Maurisiis und war Sohn eines Petrus, sollte also richtig Gerardo di Pietro heissen. Leibnitz sagt in seinem auch bei Muratori wieder abgedruckten Vorwort nichts von jener früheren Ausgabe, auf welche sich Vellutello bezieht, sondern nennt allein die spätere von 1636 Venedig.

***) Zu Inf. XIII, 145: Credo ancora, salvo sempre il più vero giuditio che non sia contro la nostra religione, che secondo l'astrologia si fabrichi una statua con tal costellatione ch' abbi qualche momento e forza in se etc.

caccerà di nido, die man gewöhnlich auf den Dichter selbst bezieht, auf Petrarca deuten will.

Vellutello's Commentar erlangte im 16. Jahrhundert beinahe dasselbe hohe Ansehen wie der von Landin und wurde auch häufig in den Venezianischen Ausgaben (1564. 1578. 1596) mit letzterem zusammen gedruckt (s. über diese Ausgaben C. de Batines I, 91 ff., Ferrazzi, Manuale Dantesco II, 453). —

Wenn ich hier schliesslich noch die der Zeit nach mit Vellutello's Commentar zusammenfallenden Vorlesungen des Benedetto Varchi erwähne:

15. **Lezioni sul Dante e Prose varie — per cura di Gius. Ajazzi e Lelio Arbib T. I Firenze 1841.**

so geschieht dies nur, um zu bemerken, dass sie, wie man es kaum von dem verdienten Geschichtschreiber von Florenz erwarten sollte, gar nichts Historisches enthalten. Diese Vorlesungen, 19 an der Zahl, welche sich wie alle Schriften Varchi's durch vortreffliche Diction und sachliche Klarheit auszeichnen, verbreiten sich, mit Bezug auf einzelne Gesänge und Stellen des Purgatorio und des Paradiso, über verschiedene Materien der Philosophie, Theologie, der classischen Philologie, der Medicin, Physik und Astronomie, worin der Autor seine umfassende literarische und wissenschaftlich encyclopädische Bildung beweist. Dieselben wurden von ihm in den Jahren 1543 und 1545 an der florentinischen Akademie gehalten, und es findet sich darin auch seine Antrittsrede bei Uebernahme des Consulats der Akademie (Lez. 5), deren erhabenen Gönner, Herzog Cosimo, er mit vielem Lobe preist. Auf Vellutello's gleichzeitig (1544) erschienenen Commentar ist an einer Stelle, wo von dem Aufsteigen des Dichters zu den Himmeln die Rede, ausdrücklich Bezug genommen (p. 193: delle quali [cose] però ha favellato ultimamente messer Alessandro Vellutello con assai diligenza e cognizione). —

Von den späteren Dante-Commentaren aus dem 16. bis 18. Jahrhundert, des Daniello von Lucca (Venezia 1568), des Jesuiten Pompeo Venturi (Lucca 1732 auf Kosten des Ordens herausgegeben und P. Clemens XII dedicirt, und sehr oft wieder gedruckt), des Minoriten Baldassaro Lombardi (Roma 1791 und öfter wiederholt) ist hier nicht nöthig zu reden, da sie keinerlei historischen Werth haben, auch nicht selbständig auf die Quellen, sondern nur auf die früheren Commentatoren zurückgehen.

Anhang.

Zur Dino-Frage.

Aus der vorstehenden Studie über die Dante-Commentare ergibt sich, in Bezug auf die Quellenbenutzung für die historische Erklärung des Gedichts, kurz das folgende Resultat.

Abgesehen von der alten Geschichte und Mythologie, deren Kenntniss sie aus den römischen Autoren oder von diesen abgeleiteten Compilationen des Mittelalters schöpften, waren die ersten Glossatoren und Commentatoren des Dante bis Mitte des 14. Jahrhunderts, welche noch nicht die vortreffliche Chronik des Giovanni Villani besassen, für die italienische und Zeitgeschichte des Dichters theils auf mündliche Tradition, der sie noch nahe standen, theils auf dieselben historischen Quellen angewiesen, welche auch Villani benutzt hat: als solche erkannten wir die Schrift über den Ursprung von Florenz (De Origine Civitatis) in den ältesten Glossen zum Inferno (von Selmi herausg.) und dem ihnen verwandten Anonimo (von Lord Vernon), so wie auch in dem ersten vollständigen Commentar des Jacopo della Lana; sodann auch die von Scheffer-Boichorst nachgewiesene Quelle der Gesta Florentinorum in dem Commentar des Ottimo. Die Benutzung der Chronik von Villani unterscheidet die späteren Commentare nach Mitte des 14. Jahrh. von den früheren: wir fanden sie zuerst in dem Commentar des Boccaccio, nachher noch mehr in dem des Benvenuto da Imola und dem s. g. Anonimo Fiorentino. Doch hat von ihr der Pisaner Buti nur in seinem dritten Theil, der Mailänder Guiniforte gar keinen Gebrauch gemacht. Selbst der Florentiner Landino hat sich öfter bloss an Benvenuto von Imola statt an Villani, dessen Quelle, gehalten; daneben hat er aber auch die angeblich im J. 1200 verfasste Chronik des Ricordano Malespini, den er Perdano Malespini nennt, an einigen Stellen ausgeschrieben und damit zuerst, so viel bekannt, deren Vorhandensein zugleich mit der Anerkennung ihrer Echtheit von seiten der Akademiker zu Florenz bezeugt. Endlich ist Vellutello ganz besonders wieder auf Villani zurückgegangen, woneben er gelegentlich noch einige bekannte Chroniken hinzugezogen hat.

Von der Chronik des Dino Compagni, welche angeblich vor 1312 geschrieben und für die florentinische Geschichte zu Dante's Zeit bisher als Quelle ersten Rangs betrachtet worden ist, findet sich in diesen Commentaren keine Spur, ausser allein bei dem Anonimo Fiorentino, dessen Abfassung nicht früher als in den Anfang des 15. Jahrhunderts zu setzen ist. Das Verdienst diese Spur zuerst, wenn nicht entdeckt, doch bekannt gemacht zu haben, gebührt unserem Kritiker Scheffer-Boichorst, welcher in seinem letzten Aufsatz über den Dinostreit (Histor. Zeitschr. 1877) die wörtliche Uebereinstimmung einiger Stellen des Anonimo mit der Chronik des Dino nachgewiesen und aus solcher Verwandtschaft die Vermuthung nahe gelegt hat, dass der von ihm entlarvte Fälscher des Dino, welcher die gelehrte Welt mehrere Jahrhunderte lang hinter das Licht geführt, wie vieles andere, so auch den sonst noch unbekannten Anonimo Fiorentino für seinen Zweck verwendet habe.

Der neue Fälschungsbeweis, welcher gleichsam wie ein letzter vernichtender Gnadenstoss gegen den Fälscher geführt wird, verdient um so mehr eine genauere Untersuchung, als er in der That geeignet ist, ein neues Licht über die immer noch räthselhafte Dino-Frage zu verbreiten. Doch will ich zuvor noch in Bezug auf den literarischen Streit, der sich hierüber entsponnen hat, anknüpfend an meine frühere Relation (Die Chronik des Dino Compagni, Leipzig, S. Hirzel, 1875, Einl. S. 9—15) weiter berichten, welchen Wiederhall der erwähnte Artikel von Scheffer-Boichorst jenseits der Alpen hervorgerufen hat.

Vor allen andern hat dort Pietro Fanfani in den letzten Jahren und noch bis heute den literarischen Kampf gegen die verstockten Dinisten mit unermüdlichem Eifer fortgesetzt. Nicht bloss in seiner alle vierzehn Tage erscheinenden Zeitschrift, Il Borghini, auch in einer Reihe von Flugschriften mit allerhand injuriösen Titeln ist von ihm immerfort und wohl den meisten zum Ueberdruss dasselbe Lied vom gefälschten Dino wiederholt worden. Und nicht genug damit! In einer neuen Ausgabe der Chronik nebst Commentar unter dem Titel: Le Metamorfosi di Dino Compagni (Firenze 1877), welche in Lieferungen erscheinend für den Gebrauch in den italienischen Schulen bestimmt ist (commentate per uso delle scuole del regno), hat derselbe den ganzen bisherigen kritischen Apparat noch einmal zusammengestellt und mit neuem ergänzt, zu dem Zweck, um den bösen Fälscher auf Schritt und Tritt in seiner linguistischen und historischen Blösse aufzudecken und nicht minder dessen ungeschickte Vertheidiger, zu welchen er auch den Schreiber dieses zählt, vor allem aber dessen apologetischen Commentator, Isidoro del Lungo, der Absurdität zu überführen und der Lächerlichkeit sogar vor den Schuljungen preiszugeben. Mitten in dieser bereits ziemlich weit fortgeschrittenen Arbeit überraschte ihn Scheffer-Boichorst's letzte Entdeckung, welche er dann sofort in seinem Borghini No. 24, 15. Juni 1877, unter der Ueberschrift: Nuova scoperta Dinesca del Professore Scheffer-Boichorst, mit Posaunenschall für Italien verkündigte. Dabei hat es diesen unerschrockenen Streiter nicht im mindesten, wie es scheint, in Verlegenheit gesetzt, dass doch erst wieder der deutsche Kritiker kommen musste, um ihm solches neue Licht über die Fälschung des Dino aufzustecken, und zwar aus einem Werke, welches ihm am wenigsten hätte unbekannt sein sollen, nachdem er selbst es herausgegeben hatte und nachdem er seit Jahren auf die Suche der Dinofälschung ausgegangen war! Gleichviel, ausgemacht ist, wie Fanfani den Lesern des Borghini a. a. O. verkündigt, dass der falsche Dino, gleichwie er den Villani entstellt, den Tolomeo da Lucca, den della Tosa, Cermenate, Mussato geplündert, so auch den Commentar des Anonimo ausgeschrieben und verdorben hat, ausgemacht ist vor dem blossen Lichte der Vernunft, dass nicht umgekehrt der Anonimo die Chronik des Dino benutzte, weil die letztere erwiesenermaassen durchaus falsch ist (è chiarita falsa per tutto) d. h. mit anderen Worten, dass nicht erst erwiesen zu werden braucht, was bereits erwiesen ist.

Einen völlig verschiedenen Eindruck hat die erwähnte Entdeckung auf den Akademiker Isidoro del Lungo, den Commentator des Dino und unerschütterlichen Vertheidiger seiner Echtheit, gemacht. Nachdem sein früher begonnener Commentar im Druck (1870) unvollendet geblieben ist, war del Lungo, wie man weiss, seit Jahren mit Abfassung und Druck eines neuen beschäftigt, auf dessen endliches Erscheinen die gelehrte Welt immer noch gespannt ist. Während dieser ganzen Zeit hat derselbe, gleichsam wie im blauen Himmel über den Wolken thronend, den rasenden Dinosturm unter seinen Füssen vorübergehen lassen, unbekümmert, wie es schien, um jede Art der Herausforderung, sei es mit den spitzen Waffen des Witzes oder den gröberen der Verhöhnung, womit sein unermüdlicher Gegner Fanfani ihn aufzustacheln bemüht war. Solche olympische Ruhe konnte ihm offenbar nur die Siegesgewissheit verleihen, womit zugleich die stille und heitere Genugthuung, wohl nicht ohne Beimischung einer in seiner Lage gewiss verzeihlichen Schadenfreude, verbunden war, diesen ganzen blinden Lärm auf einmal mit dem Quos Ego seines neuen Commentars, wenn er nur erst das Licht der Welt erblickte, niederzuschlagen und die volle Wahrheit strahlend über Dino aufgehen zu lassen. Dennoch hat er endlich, chi per lungo silenzio parea fioco, das hartnäckige Stillschweigen gebrochen! Was ihn aber aufstörte und dazu bewog, seine Stimme in einer Broschüre: La critica italiana dinanzi agli stranieri e all' Italia nella questione su Dino Compagni (Firenze, Sansoni 1877) zu erheben, war nicht der neue Dino-Commentar Fanfani's, welchen er der Ehre seiner Erwiederung nicht gewürdigt hätte, sondern eben nur die Entdeckung unseres deutschen Kritikers. Durch diese war nämlich das theuerste Geheimniss, welches er selbst still in der Brust

bewahrt und unter dem Siegel unverbrüchlichen Schweigens nur
wenigen Eingeweihten, namentlich Gino Capponi, Giovanni Tortoli, Cesare Guasti, Cesare Paoli, Alessandro Gherardi anvertraut hatte, leider zu früh enthüllt, ja profanirt worden: —
eben das Hauptargument, ‚la splendidissima pruova d'autenticità', womit er seine und Dino's Gegner durch einen einzigen
Streich zu vernichten und für sich selbst den für den Beweis
der Echtheit Dino's von Fanfani ausgesetzten Preis von so und
so viel Lire einzubringen gedachte, von welcher Summe er grossmüthig die eine Hälfte dem Herausgeber des Anonimo Fiorentino, die andere dem Blindeninstitut übermachen wollte (p. 13)!
Dass nicht erst ein Fremder jene Entdeckung zu machen brauchte,
dass er selbst sie längst gekannt, dies zur Ehre Italiens dem
gelehrten Publikum mitzutheilen, ist der eigentliche Zweck der
Broschüre, wobei jedoch der Autor auch nicht unterlassen kann,
die volle Schale seines lang verhaltenen Zorns und seiner gründlichsten Verachtung über den spottsüchtigen Gegner auszugiessen.

Also, ein und dasselbe Argument, welches Scheffer-Boichorst
wie als letzten Trumpf ausgespielt hat, um den vermeinten
Fälscher Dino's in seiner traurigen Blösse zu entlarven, gilt
dem florentinischen Akademiker del Lungo als der triftigste
Beweis der Echtheit der Chronik, als ein unzweifelhaftes Zeugniss aus dem 14. Jahrhundert für dieselbe! Ein zweischneidiges
Schwert nennt es der letztere natürlich nur in dem Sinne, dass
es allein nach der richtigen Seite gebraucht wirklich schneidet.
Die Frage, mit der wir uns jetzt beschäftigen wollen, ist auf
solche Schneide gestellt.

Treten wir die Untersuchung mit dem ruhigen Gleichmuth·
unbefangener Wahrheitsliebe an.

Dante gedenkt im Purgat. XII, 105 mit den Worten: ad
etade ch'era sicuro il quaderno e la doga, der guten alten Zeit
von Florenz, als das Buch und das Maass noch ungefährdet
waren, und spielt damit auf einige bekannte Vorfälle seiner
Zeit an, welche in jener unerhört waren. Wir erwarten nähere
Auskunft hierüber von den Commentatoren und vielleicht auch
von den Florentiner Chroniken. Doch von den Commentatoren

wissen allein Ottimo und Anonimo Fiorentino genügenden Bescheid zu geben, wie wir sogleich mittheilen werden. Der frühere Jacopo della Lana übergeht die Stelle mit Stillschweigen. Pietro di Dante sagt nur im allgemeinen, dass damals die Bürger noch nicht selbstsüchtig nach Gewinn trachteten. Benvenuto da Imola denkt an die Bücher der Kaufleute oder der öffentlichen Einkünfte und bringt erst zu der späteren Stelle, wo Dante noch einmal darauf zurückkommt, Parad. XVI, 105 quei che arrossan per lo stajo die Nachricht, dass einer von den Chiaramontesi sich der Fälschung bei Austheilung von Korn und Salz der Commune schuldig gemacht habe. Aehnlich Buti, nur dass er an der zweiten Stelle unrichtig einen Tosinghi zum Schuldigen macht, während doch die Tosinghi nicht hier, sondern erst Vers 114 bei Dante erwähnt sind. Landin erklärt, ohne von den früheren Auslegungen Notiz zu nehmen, offenbar nur nach Vermuthung, quaderno und doga zusammen als ein Kämmereibuch von Holz, welches durch Herausnehmen einer Daube (ne fu tratto una doga, Fassdaube!) gefälscht worden sei. Vellutello scheint etwas bestimmteres zu wissen, unterscheidet quaderno als Buch der öffentlichen Einkünfte und doga als Hohlmaass, welches mit dem Siegel der Commune gezeichnet war und an dessen Stelle ein anderes von geringerem Umfang beim Weinverkauf untergeschoben worden sei. Daniello (Venetia 1568) wiederholt nur Landin's unpassende Erklärung. Venturi (Lucca 1732) berichtigt dieselbe, gibt aber dafür nichts mehr als er bei Vellutello gefunden. Lombardi (Roma 1791) bleibt ebenfalls nur hierbei stehen. Erst in der Florentiner Ausgabe dell' Ancora (1817—1819) und darnach in den Zusätzen der Paduaner Ausgabe des Lombardi (Padova 1822) wird Bezug genommen auf den zur Zeit noch ungedruckten Ottimo, der als Anonimo citirt ist, und daraus das zur Sache gehörige Historische mitgetheilt. — Dies eine Beispiel mag dazu dienen um zu zeigen, wie nur bei den älteren Commentatoren die wirklich historische Belehrung zu holen ist, und wie wenig die späteren davon im gegebenen Fall Gebrauch gemacht haben.

Sehen wir nun die Erklärung des Ottimo (II, 219). Die Stelle lautet in wörtlicher Uebersetzung, wie folgt: ‚Im Jahr 1299 war Messer Monfiorito da Caverta Podestà von Florenz; dieser wurde wegen vieler und offenbarer Betrügereien durch die Signorie abgesetzt und verhaftet; er gestand unter anderem, dass er dem Messer Niccola gedient habe mit einem (Menschen), der verurtheilt werden sollte.*) Dieser Messer Niccola war damals im Priorat (il quale messer Niccola fu allora nel Priorato) und liess im Einverständniss mit Messer Baldo, unter dem Vorwand den Prozess gegen Messer Monfiorito einzusehen, das Buch von der Kammer holen (mandò per lo libro alla Camera), und riss daraus heimlich das Blatt aus, welches jene Sache betraf. Desshalb wurde unter dem folgenden Priorat eine förmliche und geheime Untersuchung (solenne e segreta inquisizione) eingeleitet und wurden verurtheilt im Jahre' — die letzten Worte fehlen im Text. Ueber das andre von Dante in Bezug genommene Factum ist nur noch kurz hinzugefügt: ‚Als Herr Durante de' Chermontesi Zolleinnehmer und Kämmerer der Salzkammer der Commune von Florenz war, zog er eine Daube aus dem Scheffelmass (una doga dello stajo) heraus und eignete sich das Salz oder das Geld an, welches der Gewinn abwarf.' Wir lassen das letztere, als nicht weiter zu unserer Untersuchung gehörig, bei Seite.

Es ist bereits oben dargethan worden, dass der in den Jahren 1333 und 1334 geschriebene Ottimo überall gute Kenntniss der florentinischen Geschichte, unabhängig von Villani, theils aus älteren Quellen, theils aus noch lebendiger Tradition beweist. Auch bezüglich der vorstehenden Nachricht über den Prozess des Podestà Monfiorito lässt sich die Richtigkeit seiner Daten anderweitig constatiren. Nach den Florentiner Chronisten

---

*) Der Sinn der Worte des Textes: aver servito il detto messer Niccola d'alcuno che dovea esser condannato ist unklar, die Stelle wahrscheinlich, wie häufig bei Ottimo, corrumpirt. Nach Anonimo und Dino war, wie wir sehen werden, Niccola Acciajuoli selbst der Schuldige, der verurtheilt werden sollte, für welchen der Podestà ein falsches Zeugniss entweder ausstellte oder annahm.

Paolino Pieri und Simone della Tosa war Monfiorito aus Coderta in der Mark Treviso — die Namensverderbung Caverta im Abdruck des Ottimo fällt wie vieles andre dieser Art der fehlerhaften IIs. zur Last — Podestà von Florenz seit Anfang 1299, wurde aber schon nach 4 Monaten im Mai wegen schlechter Amtsführung durch die Signorie abgesetzt, ins Gefängniss geworfen und zu schwerer Geldbusse verurtheilt.*) Ottimo stimmt hiermit überein im Jahr 1299 wie in dem Umstand der Absetzung des ungerechten Podestà vor Ablauf seines Amtsjahrs. Von dem Vergehen des Niccola Acciajuoli und des Baldo Aguglione, ihrer Fälschung des Gerichtsprotokolls, welche eine Folge des Prozesses gegen den Podestà war, schweigen die genannten beiden Chronisten. In dieser Beziehung findet sich jedoch der kurze Bericht des Ottimo in dem Commentar des Anonimo Fiorentino, dessen Abfassungszeit wir in den Anfang des 15. Jahrhunderts gesetzt haben, durch eine umständlichere Erzählung ergänzt, die ich hier im Wortlaut mittheile (Ausg. von Fanfani Vol. II, 206).

Nel MCCLXXXXV, doppo la cacciata di Gian de la Bella, essendo Firenze in malo stato, fu chiamato rettore di Firenze, a petizione di quelli che reggevono, uno povero gentile uomo chiamato messer Monfiorito della marca Trivigiana, il quale prese la forma della terra, et assolvea et condennava senza ragione, et palesemente per lui et sua famiglia si vendea la giustizia. Nol sostennono i cittadini et compiuto l'ufficio, presono lui et due suoi famigli, et lui misono alla colla, et per sua confessione si seppono cose che a molti cittadini ne seguì grande infamia; et faccendolo collare due cittadini chiamati sopra ciò l'uno dicea *basta*, l'altro dicea *no*. Piero Manzuoli cambiatore, chiamato sopra ciò, disse: *Dagli ancora uno crollo*; e 'l cavaliere ch' era in sulla colla disse: *Io rende' uno testimonio falso a messer Niccola Acciajoli, il quale non condannai;*

---

*) Die Citate aus beiden Chronisten hat schon Scheffer-Boichorst, Florent. Studien S. 121 bei Untersuchung der Erzählung des Dino beigebracht.

non volea il Manzuolo che quella confessione fosse scritta, però che messer Niccola era suo genero; l'altro pure volle et scrissesi; et saputo messer Niccola questo fatto ebbe sì gran paura che il fatto non si palesasse, ch' egli ne consigliò con messer Baldo Agulione, pessimo giudice gibellino antico. Chiesono il quaderno degli atti al notajo et ebborlo; et il foglio dov' era il fatto di messer Niccola trassono del quaderno: et palesandosi per lo notajo del foglio ch' era tratto, fu consigliato che si cercasse di chi l'avea fatto; onde il podestà, non palesando niente, prese messer Niccola, et messer Baldo fuggì. Fu condennato messer Niccola in libre III m. et messer Baldo in II m. et a' confini fuori della città et del contado per uno anno.

Diese Erzählung stimmt mit Ottimo in der Art und Weise der Fälschung (durch Herausreissen eines Blattes des Gerichtsprotokolls) überein. Die Namen der beiden Männer, welche sie begingen, sind hier vollständig genannt. Neu ist ferner der Vorgang bei der Tortur des Podestà. Die beiden Untersuchungsrichter waren zuerst uneinig über die Fortsetzung derselben, nachher auch über die Abfassung des Protokolls, als der eine, Piero Manzuoli von der Wechslerzunft (cambiatore), zu seinem Schrecken das Geständniss des Podestà vernahm, dass er (der Podestà) den Messer Niccola auf Grund eines falschen Zeugnisses freigesprochen habe; denn Messer Niccola war des Piero Schwiegersohn. Trotz der Einrede des letzteren wurde die Aussage des Podestà doch in das Protokoll aufgenommen, natürlich aber der dadurch blossgestellte Niccola sofort von seinem Schwiegervater davon benachrichtigt. Nicht erwähnt ist hier der erhebliche Umstand, dass Niccola Prior war, als er das Gerichtsprotokoll von dem Notar einforderte; ergänzt dagegen die Lücke am Schluss der Stelle aus Ottimo bezüglich der Verurtheilung der beiden Uebelthäter. Entschieden unrichtig ist jedoch in der Erzählung des Anonimo erstens das Jahr 1295, in welches der Vorfall gesetzt wird, statt 1299, und zweitens die Erwähnung, dass der Podestà erst nach Ablauf seines Amts (compiuto l'ufficio) verhaftet und in Untersuchung gezogen worden sei: in beiden Beziehungen hat Ottimo, wie wir sahen, das Richtige.

Woher hat aber der Anonimo, der im Beginn des 15. Jahrh. schrieb, seine Erzählung mit ihren Einzelheiten? Natürlich aus einer alten schriftlichen Quelle, die er hier ebenso wenig nennt, als er auch die älteren Commentatoren, die er benutzte, und selbst den von ihm ausgeschriebenen Villani in der Regel nicht genannt hat.*) Es beweist wenigstens nichts gegen die Benutzung des Dino, wenn er ihn nicht nennt.**)

Vergleichen wir nun die Stelle im ersten Buch der Chronik des Dino Compagni (S. 20 der in Italien gebräuchlichsten Stereotypausgabe Firenze, Barbèra), welche mit dem Anonimo sowohl im wesentlichen der Sache, als zumtheil auch im Wortlaut übereinstimmt:

I pessimi cittadini per loro sicurtà chiamarono per loro podestà messer Monfiorito da Padova, povero gentiluomo, acciò che come tiranno punisse e facesse ragione torto e del torto ragione, come a loro paresse, il quale prestamente intese la volontà loro e quella seguì, chè assolvea e condannava sanza ragione, come a loro parea: e tanta baldanza prese, che palesamente lui e la sua famiglia vendevano la giustizia e non ischifavano prezzo, per picciolo e grande che fusse: e venne in tanto abbominio, che i cittadini nol poterono sostenere, e feciono pigliare lui e due suoi famigli, e fecionlo collare, e per sua confessione seppono delle cose, che a molti cittadini ne seguì vergogna assai e assai pericolo: e vennono in discordia, chè l'uno volea fosse più collato, e l'altro no. Uno di loro, che avea nome Piero Manzuolo, il fe un' altra volta tirar su, il perchè confessò avere ricevuto una testimonianza falsa per messer Niccola Acciajoli: il perchè nol condannò: e funne fatto nota. Sentendolo messer Niccola, ebbe paura non si palesasse più; ebbene con-

---

*) S. oben S. 62.
**) Wie dies Scheffer-Boichorst, Dinostreit S. 188 doch geltend machen will.

siglio con messer Baldo Aguglioni, giudice sagacissimo e suo avvocato, il quale diè modo di aver gli atti dal notajo per vederli, e rasene quella parte che venìa contro a messer Niccola. E dubitando il notajo degli atti avea prestati se erono tocchi, trovò il raso fatto e accusògli. Fu preso messer Niccola e condannato in lire tremila, e messer Baldo si fuggì, ma fu condannato in lire duemila, e confinato per uno anno.

Die ersichtliche sachliche und wörtliche Uebereinstimmung des Anonimo mit Dino nöthigt Benutzung entweder des einen durch den andern oder einer dritten gemeinschaftlichen Quelle durch beide anzunehmen.*)

Um hierüber ins klare zu kommen, sind vorerst die Abweichungen beider Erzählungen zu betrachten. Dino nennt Padua als Herkunftsort des Podestà, Anonimo die Trevisanische Mark: das erstere ist unrichtig, das letztere richtig.**) Dino lässt die verwandtschaftliche Beziehung zwischen dem Untersuchungsrichter Manzuolo und Niccola Acciajoli unerwähnt, wodurch das Verständniss der Geschichte verdunkelt wird. Dino gebraucht die indirecte Rede, wo Anonimo die Worte der beiden Richter und des Podestà selbst anführt. Bei Dino geschieht die Fälschung des Protokolls durch Ausradirung der Stelle, bei Anonimo wie bei Ottimo durch Ausreissen eines Blatts.

Diese Abweichungen sind von der Art, dass sie nicht als von Anonimo herrührend, Dino als Quelle vorausgesetzt, gedacht werden können. Der Dante-Commentator ist, wie ich oben gezeigt habe, blosser Compilator, der seine Quellen abschreibt, dabei wohl abkürzt, mit anderen combinirt, hie und da missversteht, aber nicht in der Weise, wie hier anzunehmen wäre, umformt. Um so näher liegt die entgegengesetzte Vermuthung, dass der Fälscher des Dino den Anonimo ausgeschrieben und da-

---

*) Vergl. Scheffer-Boichorst, Zum Dinostreit S. 188.
**) Dies hat Scheffer-Boichorst zur Genüge bewiesen und ich gebe jetzt meinen Erklärungsversuch (Die Chronik des Dino Compagni S. 45) nach seiner Entgegnung (Die Chronik S. 29) bereitwillig auf.

bei nach seiner Gewohnheit — wie behauptet wird — aus blossem Widerspruchsgeist oder Eigensinn verändert und verschlechtert habe.*) Wie aber, wenn nun Dino doch den Anonimo in einigen Punkten verbessert hat? Die beiden vorhin erwähnten Unrichtigkeiten des letzteren, das falsche Jahr 1295 im Anfang**) und die Angabe, dass der Podestà sein Amtsjahr vollendet habe (compiuto l'ufficio), finden sich bei ihm nicht. Dino erwähnt in seiner Chronik nach der Vertreibung des Giano della Bella im J. 1295 zuerst kurz deren Folgen und kommt dann auf die Geschichte des Podestà, wo er das Jahr nicht angibt, worauf er zu den Ereignissen von 1300 übergeht. Das Missverständniss des Anonimo, die Geschichte des Podestà noch in das Jahr 1295 zu setzen, lässt sich leicht erklären, wenn die Quelle, aus welcher er schöpfte, die Ereignisse in gleicher Folge, wie die Chronik des Dino, vortrug. Bei Dino steht: die Bürger konnten die Ungerechtigkeit des Podestà und seiner Leute nicht länger ertragen und liessen ihn und diese verhaften; offenbar ist also seine Meinung nicht, dass der Podestà sein Amt noch bis zu Ende des Jahrs fortgeführt habe, wie Anonimo dies unrichtig annimmt. Der Beweis, dass Dino bloss den Anonimo ausgeschrieben und verdorben habe, lässt sich, wie man sieht, so nicht führen: man ist daher genöthigt, eine gemeinschaftliche Quelle beider anzunehmen, und wir sind glücklicherweise im Stande derselben noch weiter auf die Spur zu kommen.

In der Divina Commedia, Purg. XX, 70: Tempo veggh'io, non molto dopo ancoi, che tragge un altro Carlo fuor di Francia, ist die Rede von der Sendung des Carl von Valois, des Bruders des Königs von Frankreich, nach Florenz als Friedensstifter im Auftrage des Papstes Bonifaz VIII, und von seinem verrätherischen Verhalten zu Gunsten der schwarzen Guelfen

---

*) S. Scheffer-Boichorst, Zum Dinostreit S. 189.
**) Scheffer-Boichorst hat in seinem Abdruck der Stelle S. 187 die Anfangsworte: nel MCCLXXXXV dopo la cacciata di Gian della Bella weggelassen.

(con la lancia con la qual giostrò Giuda), wodurch er sich mit Schande belud. Anonimo Fiorentino gibt hierzu die historische Erklärung, welche mit einem wörtlichen Auszuge aus Villani VIII, 49 beginnt und schliesst; dazwischen sind jedoch Bruchstücke aus Dino, oder sagen wir besser, aus jener unbekannten Quelle, welche Dino enthält, eingeschaltet. Das Verfahren des Compilators wird aus der folgenden Zusammenstellung, worin die von ihm entlehnten Sätze beider Vorlagen durch den Druck hervorgehoben sind, deutlich.

Villani VIII c. 49.	Anonimo Fior. II, 326.
Nel detto anno 1301 del mese di settembre giunse nella città d'Alagna in Campagna, ov' era papa Bonifazio colla sua corte, messer Carlo conte di Valois et fratello del re di Francia con più conti et baroni — — il quale messer Carlo dal papa e da suoi cardinali fu ricevuto onorevolmente; e venne ad Alagna lo re Carlo e suoi figliuoli a parlamentare con lui e a onorarlo; el papa il fece conte di Romagna. E trattato e messo in assetto col papa e col re Carlo il passaggio di Cicilia alla primavera vegnente, per la principale cagione perch' era mosso di Francia, il papa non dimenticato lo sdegno preso contro alla parte bianca di Firenze, non volle che soggiornasse e ver-	Nel 1301 del mese di settembre giunse nella città d'Alagna, ov' era papa Bonifazio, messer Carlo conte di Valos et fratello del re di Francia, il quale messer Carlo fu ricevuto dal papa onorevolmente; il papa il fece conte di Romagna, et misse in effetto col re Carlo il passaggio di Cicilia alla primavere veguente, per la principale cagione perch' era mosso di Francia; et il papa, non dimenticato lo sdegno preso contro la parte bianca, per infestamento

nasso invano, e per infestamento de' guelfi di Firenze, sì gli diede il titolo di paciaro in Toscana, e ordinò che tornasse alla città di Firenze. E così fece, colla sua gente et con molti altri Fiorentini o Toscani e Romagnuoli, usciti e confinati di loro terra per parte guelfe et nera. E venuto a Siena ‖ e poi a Staggia, que' che governavano la città di Firenze avendo sospetto di sua venuta, tennero più consigli di lasciarlo entrare nella città o nò. —

de' Guelfi da Firenze, gli diede il titolo di paciaro in Toscana, et ordinò che tornassi alla città di Firenze: si fece colla sua gente et molti Fiorentini et Toscani et Romagnuoli confinati di loro terre, et venne a Siena; et venuto a Siena ‖

Bis hierher geht die wörtliche Abkürzung aus Villani, wobei eine Reihe von Zwischensätzen, selbst auf Kosten des Verständnisses, ausgelassen sind. Das unmittelbar darauf Folgende steht im gleichen Verhältniss zu Dino:

Dino Comp. II (p. 34).

Anon. Fior.

E quando fu quivi, mandò ambasciatori a Firenze messer Guiglelmo francioso cherico, uomo disleale — — e uno cavaliere provenzale ch' era il contrario, con lettere del loro signore. Giunti in Firenze visitarono la Signoria con gran riverenzia, e domandarono parlare al gran consiglio, che fu loro concesso. Nel quale per loro parlò uno avvocato da Volterra — — e assai disordinatamente parlò e disse:

mandò suoi imbasciadori a Firenze; et addimandarono il gran consiglio con molta umiltà, il quale non fu loro dinegato; et sposta loro imbasciata nel che il sangue reale di Francia era venuto in Toscana solamente per metter pace nella parte di santa chiesa — —. Molti dicitori si levarono in più affocati per dire e magnificare messer Carlo, e andarono alla ringhiera tosto ciascuno per esser il primo. Ma i Signori niuno lasciorono parlare: ma tanti furono, che gli ambasciatori s'avvidono, che la parte che volea messer Carlo era maggiore e più baldanzosa, che quella non lo volea. E al loro Signore scrissono, che aveano inteso che la parte de' Donati era assai inalzata, e la parte de' Cerchi era assai abbassata. I Signori dissono agli ambasciatori, risponderebbono al loro Signore per ambasciata. E intanto presono loro consiglio, perchè essendo la novità grande, niente voleano fare senza il consentimento de' loro cittadini. Richiesono adunque il consiglio generale della parte guelfa — — — Mandaronsi gli ambasciatori, e furono gran cittadini di popolo, dicendoli, che potea liberamente venire: commettendo loro, che da lui ricevessono lettere consiglio, che fu di mettere pace tra' cittadini, molti dicitori si levorono affocati di dire et di magnificare il Signore; et andarono alla ringhiera. Veggendo questo i Signori, non gli lasciorono parlare, ma tanti furono quelli che si mostrorono, che gl' imbasciadori s'accordorono che la parte che volea messer Carlo era più baldanzosa et maggiore che l'altra. Scrissono al Signore che venisse, che la parte de' Cerchi era abbassata. Agli ambasciadori fu risposto che al Signore sarebbe risposto per imbasciata. Mandoronsi gl' imbasciadori, significandogli ch' ci potea venire liberamente, ricevendo da lui lettere bollate

bollato, che non acquisterebbe contro a noi niuno giurisdizione, nè occuperebbe niuno onore della città nè per titolo d'impero nè per altra cagione, nè le leggi della città muterebbe, nè l'uso. Il dicitore fu messer Donato d'Alberto Ristori con più altri giudici in compagnia. Fu pregato il cancelliero suo, che pregasso il Signore suo, che non venisse il dì d' Ognissanti — — Il perchè deliberò venire la domenica seguente.

ch' egli non acquisterebbe jurisdizione, nè occuperebbe niuno onore della città, nè legge nè stato della città non muterebbe. Entrò in Firenze la domenica prima che viene dopo Ognissanti.*) ||

Hier, wo bei Dino die weitläufige Erzählung der Verhandlungen in Florenz folgt, wendet sich Anonimo von ihm ab und wieder seiner anderen Quelle, dem Villani zu, um bald zum Schluss zu kommen:

Villani VIII, 49.

e a dì 5 di novembre nella chiesa di santa Maria Novella, essendosi raunati potestà e capitano e priori — — messer Carlo — promiso di conservare la città in pacifico e buono stato — per consiglio di messer Musciatto Franzesi, il quale infino di Francia era venuto per suo pedotto — fece armare sua

Anon. Fior.

Andarono i signori Priori a santa Maria Novella a parlargli: dopo molte impromesse et sacramenti fatti di conservare la terra in quello stato ch' egli la trovava, per consiglio di messer Muciatto Francesi, venuto con lui di Francia, fece armare sua

---

*) Scheffer-Boichorst, Zum Dinostreit S. 191, will anders interpungiren: Entrò in Firenze. La domenica prima — andarono in signori Priori, und stellt dadurch Uebereinstimmung des Datums mit Villani her. Mir scheint dies sehr gezwungen und ich behalte daher die Interpunction bei, wie sie der Abdruck des Anonimo hat.

gente — — — In questo romore messer Corso — venne in Firenze — — andò alle carcere del comune — e diliberò i pregioni — E con tutto questo stracciamento di cittade, messer Carlo di Valois nè sua gente non mise consiglio nè riparo, nò attenne sacramento o cosa promessa per lui — — E per questo modo fu abbatutta e cacciata di Firenze l'ingrata e superba parte de' bianchi — a dì 4 d'Aprile 1302.	gente, et entrato messer Corso in Firenze, corsono la terra, et ruppono le prigioni, et cacciorono molti cittadini, et con tutto questo strazio della terra messer Carlo non vi pose riparo, et venne contro a ogni impromessa fatta, et contro a ogni suo sacramento; et a' dì due d'Aprile vegnente cacciò di Firenze et diè bando a molti cittadini etc.

Angesichts dieser Zusammenstellung ist es nicht nöthig viel Worte über eine Sache zu machen, die von selbst in die Augen springt, da jedermann zugeben wird, dass der Dante-Commentator auf gleiche Weise wie den Villani, so den Dino oder dessen Quelle excerpirt hat und dass die umgekehrte Annahme, wonach der Fälscher des Dino die gleichlautenden Sätze aus dem Anonimo herübergenommen und in seine weitläufigere Erzählung künstlich verwebt und dabei mit grösster Behutsamkeit alles andere, was Anonimo aus Villani hat, unberücksichtigt gelassen hätte, gänzlich unstatthaft ist.

Dieselbe Art der Compilation aus beiden Quellen begegnet uns noch an einer andern Stelle des Anonimo, wo er zu Purgat. XXIV, 82: Or va, diss' ei, chè quei che più n' ha colpa vegg'io a coda d'una bestia tratto — über den Untergang des Corso Donati, des grossen Parteihaupts der Schwarzen, die historische Erläuterung zumtheil mit den Worten des Dino Compagni, zumtheil mit den Worten des Villani bringt:

Dino Compagni III (p. 84).	Anonimo Fior. II, 392.
Fra i Guelfi neri di Firenze per invidia e per	Egli è da sapere che tra' guelfi di Firenze, per invidia et

avarizia un' altra volta nacque grande scandolo: il quale fu, che messer Corso Donati, parendogli avere fatta più opera nel riacquistare la terra, gli parea degli onori e degli utili avere piccola parte o quasi nulla: perocchè messer Rosso della Tosa, messer Pazzino dei Pazzi, messer Betto Brunelleschi e messer Geri Spini co' loro seguaci di popolo prendevano gli onori, servivano gli amici, e davano i risponsi e faceano le grazie, e lui abbassarono. E così vennono in grande sdegno negli animi, e tanto crebbe, che venne in palese odio. Messer Pazzino de' Pazzi fece un dì pigliare messer Corso Donati per danari doveva avere da lui, e molte parole villane insieme si diceano per volere la signoria senza lui, perchè messer Corso era di sì alto animo e di tanta operazione, che ne temeano, e parte contentevole non credevano, che dare gli si potesse. Onde messer Corso raccolse gente a sè di molte guise. Gran parte ebbe de' grandi, perocchè odiavano i

per avarizia, nacque uno scandolo grande, il quale fu che messer Corso, credendosi più avere operato il malo nell' acquistare la terra per forza, parea a messer Corso Donati dell' onore e dell' utile avere piccola parte, o quasi nulla, però che messer Rosso della Tosa et messer Geri Spina et messer Pazzino de' Pazzi et messer Betto Brunelleschi co' loro seguaci di popolo, prendeano gli onori et gli amici serviano, davano risponsi et grazie, et lui abbassavano; et così vennono in grande sdegno negli animi; et tanto crebbe per continuare, che venne in palese odio, et favelle si tennono. Messer Pazzino il fece pigliare per moneta che da lui dovea avere, et parole oziose dinanzi a' visi si diceono: et ciò faceano per avere la signoria sola senza lui, però che messer Corso era di sì alto animo et di tanta operazione, che ne temeono, et parte contentevole non credeono che dare gli si potesse. Messer Corso accolse a sè gente di molte guise, de' grandi ch' erono mal con-

popolani pe' forti ordinamenti della giustizia fatti contro a loro, i quali promettea annullare — — — de' quali furono i Medici e i Bordoni, i quali li soleano esser nemici e sostenitori di messer Rosso della Tosa [hier folgt die Erzählung von dem Fortgang der Verschwörung].

tenti. I Bordoni, i Medici potenti popolani, i quali soleano essere a lui iniqui, nimici, sostenitori della grandezza di messer Rosso della Tosa, divennono di sua giura.

Villani VIII c. 96.

Per la qual cosa per grande gelosia subitamente si levò la cittade a romore, e sonarono i priori le campane a martello, e fu ad arme il popolo e' grandi a piè e a cavallo, — — E subitamente, com' era ordinato per gli sopradetti caporali, fu data una inquisizione ovvero accusa — in contro al detto messer Corso, opponendogli come dovea e volea tradire il popolo — faccendo venire Uguccione della Faggiuola — E la richiesta gli fu fatta, e poi il bando, e poi la condannazione in meno d'una ora — — — [hier folgt der Angriff der bewaffneten Volksmacht auf die Häuser des Corso Donati und die Erstürmung der Barrikaden.] Veggendo ciò messer

Per la qual cosa et per gran gelosia subitamente si levò la città a romore, et sonorono i priori le campane a martello, et fu ad arme il popolo a piè et a cavallo. Fu data subitamente una accusa contro a messer Corso, opponendogli come volea tradire il popolo, et fare venire Uguccione della Faggiuola suo socero; et la richiesta gli fu fatta; et poi il bando et la condennagione in men d'un ora; et assalito alle case, et entrato il popolo dentro al serraglio di messer Corso, si partì

Corso o' suoi — fuggisi fuori della terra — perseguitati per alquanti cittadini a cavallo e Catalani — messer Corso fu giunto e preso — e menandolne preso a Firenze, come fu di costa a san Salvi — per paura di venire alle mani de' suoi nemici — si lasciò cadere da cavallo. I detti Catalani veggendolo in terra, l'uno di loro gli diede d'una lancia per la gola d'uno colpo mortale, e lasciaronlo per morto.	et uscì di Firenze; et seguitato da certi popolani et Catalani che 'l seguivano, fu preso; et menandolne preso, come fu di costa a santo Salvi, per non venire alle mani de' suoi nimici, si lasciò cadere a terra del cavallo, et ivi gli fu dato per alcun Catalano d'una lancia per la gola, et lasciollo per morto strascinandolo alquanto il cavallo.

Der Dante-Commentator hat auch hier, wie man sieht, bald die eine, bald die andere Quelle ausgeschrieben, und sehr einfach erklärt sich hieraus sowohl der ‚bemerkenswerthe Widerspruch zwischen Anonimo gegen Dino, als auch die merkwürdige Uebereinstimmung' desselben mit Villani über den Tod des Corso Donati, worauf Scheffer-Boichorst (Zum Dinostreit S. 192) aufmerksam macht: nämlich Anonimo stimmt mit Dino oder mit Villani, je nachdem er die eine oder die andere Quelle ausschreibt. Merkwürdiges ist nichts dabei: für den Zweck seines Commentars wählte er aus den ihm bekannten Quellen gerade nur die Stellen heraus, die ihm nach ihrem Wortlaut die bequemsten waren; von einer andern Art der Kritik ist bei ihm überhaupt nicht die Rede.*)

Fassen wir das Ergebniss unserer bisherigen Untersuchung über die drei Stellen des Anonimo, wo sich wörtliche Uebereinstimmung mit der Chronik des Dino Compagni findet, zusammen, so hat sich schon bei der ersten, wo das Verhältniss auf den

---

*) Begreiflicher Weise ‚schweigt der Anonymus' (Scheffer-Boichorst a. a. O. 190), wo Dino von sich und seinen Verhandlungen erzählt, denn das gehörte doch gewiss nicht in den Dante-Commentar.

ersten Blick noch zweifelhaft schien, gezeigt, dass für beide, Anonimo und Dino, eine gemeinschaftliche Quelle anzunehmen ist, und diese Voraussetzung hat sich uns bei den zwei anderen Stellen, wo im Anonimo Compilation abwechselnd aus Villani und Dino oder dessen Quelle vorliegt, zur Gewissheit erhoben.

Werfen wir jetzt den Blick auf die Kritik zurück, welche gegen die Chronik des Dino geübt worden ist, um ihre Fälschung im 16. oder 17. Jahrhundert zu beweisen. Scheffer-Boichorst hatte mit vielem Scharfsinn in der Erzählung des Dino über den Prozess des Monfiorito eine Reihe von handgreiflichen Widersprüchen und Unwahrscheinlichkeiten aufgedeckt und sie demnach für ein blosses Phantasiestück erklärt (Florentiner Studien S. 119—125 und die Chronik des D. C. S. 31). Mit gesteigertem Ausdruck einer gerechten sittlichen Entrüstung erhob er daraus den Vorwurf bewusster Lüge und absichtlicher Verleumdung gegen den Fälscher, der ‚in einem Anfall von grenzenlosem Uebermuth den Entschluss gefasst habe, seinen Lesern weiss zu machen, dass zwei der angesehensten Männer von Florenz ganz gemeine Verbrecher gewesen seien'; und er fühlte sich dem durch ihn glücklich entlarvten Fälscher gegenüber als wahrer, wenn auch später Ehrenretter, weil er jene ‚zwei Männer, denen man zum wenigsten nachrühmen dürfe, dass sie ihre municipalen Pflichten getreu erfüllt haben, von dem ihnen angehefteten Schandmale für alle Zeiten befreit' habe! — Wie bald hat sich nun doch dieses Blatt gewendet! Dino kann getrost, um ein anderes Wort seines Kritikers zu gebrauchen, den Vorwurf der Lüge und Verleumdung ‚zurückschleudern'. Seine Erzählung, welche die grossen Schurken, die vor und nach 1300 im Regiment von Florenz sassen und trotz ihrer gerichtlichen Verurtheilung darin blieben, an den Pranger stellt, welche den Zorn des unsterblichen Dichters darüber, dass er vor solchen Leuten aus der geliebten Vaterstadt weichen musste und durch solche sein ganzes Leben von ihr ferngehalten wurde, eben erst recht begreiflich macht: — diese Erzählung findet sich jetzt, wie durch den Vers von Dante selbst: ad etade ch' era sicuro il quaderno e la doga, so auch durch seine Commentatoren vollauf bestätigt, und es bleibt auf Dino im Grunde nichts weiter sitzen, als dass er den Podestà Monfiorito zu einem Paduaner macht, da er doch ein Trevisaner war! Denn die andern vermeinten Unwahrscheinlichkeiten oder Widersprüche verschwinden vor der einfachen Wahrheit der Thatsache, deren Zusammenhang wir vollends aus den ergänzenden Berichten des Ottimo und des Anonimo erkannt haben.*)

*) So erledigt sich ein Hauptargument von Scheffer-Boichorst gegen die Wahrheit der Erzählung Dino's, welches daher genommen war, dass Niccola Acciajuoli doch gleich nach seiner Verurtheilung als Prior im September 1299 vorkommt, durch die Angabe des Ottimo, dass Messer Niccola eben zur Zeit Prior war, als er das ihn compromittirende Gerichtsprotokoll von der Kammer holen liess (was er sich gerade nur in solcher amtlichen Stellung herausnehmen durfte): er war also nicht Prior nach, sondern vor seiner Verurtheilung! Die Absetzung des Podestà fand statt im Mai 1299, darauf folgte erst sein Prozess bei dem Syndicat; Niccola Acciajuoli trat das Priorat Mitte August an, welches bis Mitte October währte (s. das Priorenverzeichniss bei March. Stefani in Delizie degli eruditi Tosc. VIII, 86); unter dem folgenden Priorat wurde er wegen Fälschung verurtheilt.

Bloss hinein interpretirt, aus Unkenntniss des Gerichtsverfahrens, hatte Scheffer-Boichorst (Studien S. 122), dass die Bürger (cittadini), welche nach Dino's Erzählung über die Tortur des Podestà uneinig wurden, Prioren der Signorie gewesen seien, wogegen ich (die Chronik S. 46) aus den Statuten von Florenz bewies, dass ein Syndicat von 6 (später 8) gewählten Bürgern die Amtsführung des Podestà zu untersuchen hatte; daher sagte ich wörtlich: „Piero Manzuolo war nicht Prior, sondern einer der Syndici unter denen die Meinungsverschiedenheit entstand.' Scheffer-Boichorst meint (Zum Dinostreit 188 Note 1), wir würden nun durch den Anonymus eines andern belehrt. Ich frage: welches andern? Dessen, dass nur zwei, nicht alle sechs Syndici bei der Tortur zugegen waren? Nicht darauf kommt es an, sondern darauf, dass sie nicht Prioren waren, unter welcher Voraussetzung der Kritiker den Dino ad absurdum führen wollte! Um aber auch die Kritik, welche sein italienischer Nachtreter in den Metamorfosi di D. C. handhabt, an einem Beispiel zu charakterisiren, sei bemerkt, dass Fanfani erstens den Dino wegen seiner Erzählung im ganzen und einzelnen wiederholt der Lüge zeiht, ohne freilich noch zu ahnen, dass der von ihm selbst herausgegebene Anonimo die ganze Geschichte bestätigt, dass er zweitens in einer andern Note den Commentator des Dino, Isidoro del Lungo (und implicite auch Scheffer-Bolchorst), der crassesten Ignoranz in der florentinischen Geschichte be-

Also ist die gegen Dino's Erzählung geübte Kritik hinfällig geworden in der Hauptsache. Und man kann daraus eine allgemeine Belehrung über den rechten Gebrauch wie den Missbrauch der historischen Kritik gewinnen. Ohne noch die anderweitige Bestätigung der angezweifelten Erzählung des Dino zu kennen, hatte ich in meinem Rettungsversuch S. 46 bemerkt, dass bei der damaligen Parteiherrschaft in Florenz Einfluss und Macht nicht durch den sittlichen Werth der Personen bedingt gewesen sei. Ich wollte damit sagen, dass man die Zustände der florentinischen Republik in jener Zeit nicht nach unseren Begriffen des Statthaften beurtheilen dürfe, und dass man nicht nach solcher vorgefassten Meinung berechtigt sei, eine erzählte Geschichte für unglaubwürdig zu erklären, sondern man solle umgekehrt erst lernen, wie die Zustände wirklich beschaffen waren und danach sein Urtheil über die Glaubwürdigkeit der Erzählung bilden. So verhält es sich wirklich: die beiden Parteimänner und Machthaber der Republik, Niccola Acciajoli und Baldo Aguglione, wurden im J. 1299 wegen erwiesener Fälschung zu hohen Geldbussen und einjähriger Verbannung verurtheilt, und dennoch hat dies ihrem Ansehen und ihrem Einfluss bei den regierenden Parteigenossen so wenig geschadet, dass sie wenige Jahre nachher wieder die höchsten Ehrenämter als Prioren und Gesandte der Republik inne hatten und dass Baldo Aguglione als ein berühmter Jurist noch im J. 1311 das nach ihm benannte Staatsgesetz durchbringen konnte, welches für immer ein trauriges Denkmal des Parteihasses jener Zeit geblieben ist (s. meine Schrift S. 47)! —

Ich bin durch die Revision der Scheffer-Boichorst'schen Kritik in meiner Schrift über Dino Compagni (Leipzig 1875)

---

schuldigt, weil er annehmen konnte, dass die Tortur des Podestà vor den Prioren vollzogen worden sei, und dass er drittens in einer andern Note den Fälscher des Dino durch die Behauptung widerlegen will, dass Piero Manzuolo in diesem Jahr nicht Prior gewesen sei, obwohl Dino dies gar nicht gesagt hat! Und solcher Commentar ist zur Belehrung der italienischen Schulen bestimmt!

zu dem Ergebniss gekommen, dass wie sehr auch die Echtheit und Glaubwürdigkeit der Chronik im einzelnen erschüttert worden, doch nicht damit auch die weitergehende Hypothese ihrer späteren Erdichtung bewiesen sei, dass man vielmehr zur Erklärung des Werks im ganzen, nach Plan und Inhalt, Idee und Ausführung einen echten Kern überlieferter Denkwürdigkeiten annehmen müsse, welche in der Gestalt, worin sie uns vorliegen, eine spätere Ueberarbeitung erfahren haben, wodurch Missverständnisse aller Art, Anachronismen, Zusätze selbst aus eigener Erfindung hineingekommen sind. Diese vermittelnde Ansicht, welche weder die Echtheit der Chronik behauptet, noch die Fälschung im Sinne eines historischen Romans annimmt, hat Widerspruch, aber auch Zustimmung erfahren — Widerspruch begreiflicher Weise am meisten von Scheffer-Boichorst selbst in seiner Antikritik (Leipzig 1875), wohlerwogenen Beifall in einer Recension von Th. Wüstenfeld (Göttinger Gelehrte Anzeigen 1875). Ebenso sind in Italien von Dinisten und Antidinisten die Argumente für und wider die Echtheit mit gleichem Nachdruck wiederholt worden. Ich will nicht weiter auf das einzelne zurückkommen. Dass die Chronik im ganzen nach Inhalt und Form ein schwer zu erklärendes Problem sei, wird jedermann, auf welcher Seite er stehe, zugeben.

Es fragt sich jedoch, welchen Weg der Erklärung man für den besseren halten soll. Bei dem einen findet man die Schwierigkeit, in allen einzelnen Fällen den echten Kern der Ueberlieferung aus den falschen Zuthaten des späteren Redactors herauszuschälen[*]); bei dem andern wird das objective Räthsel eigentlich nur in ein subjectives verwandelt, d. h. von dem schriftstellerischen Werk in den Autor zurückverlegt, denn ein psychologisches Räthsel bliebe immerhin der Fälscher, welcher bei seiner Kenntniss von allem möglichen Quellenmaterial, doch aus wunderlichem Widerspruchsgeist oder blossem Eigensinn gegen besseres Wissen die historische Wahrheit entstellt haben sollte. Von der Entscheidung hierüber hängt dann weiter ab,

---

*) Wiewohl Th. Wüstenfeld in seiner Recension S. 1576 dies für thunlich hält.

wie man sich in Zukunft zu der Chronik des Dino verhalten soll, ob man sie mit Recht noch historisch verwerthen kann, oder ob man den Dino, wie jetzt schon gewöhnlich geschieht, kurzweg zu den Todten wirft. Ich habe mich am Schluss meiner Schrift dahin ausgesprochen, dass man die Chronik bei ihrer zweifelhaften Beschaffenheit, im Hinblick auf die leidenschaftliche Gemüthsstimmung des Autors und die Zuthaten des Bearbeiters, mit Vorsicht zu benutzen habe; es komme darauf an für die Thatsachen, die sie berichtet, noch anderweitige Bewährung zu finden.' Eben diese Bestätigung des historischen Inhalts hat sich, neben vielerlei Unrichtigkeiten, schon bei einer Reihe von Dingen gefunden, welche zumtheil wesentlicher Art, zumtheil von nur nebensächlicher Bedeutung sind, aber gerade in letzterer Beziehung durch ihre bloss beiläufige Erwähnung am meisten dem Werke die Farbe der Echtheit verleihen.*) Auf eine unbekannte Quelle von hohem Werth sind wir nun aber durch die Excerpte im Dante-Commentar des Anonimo Fiorentino hingewiesen, welche nicht bloss im Inhalt, sondern auch im Wortlaut mit Dino Compagni übereinstimmen. Dadurch gewinnt die Chronik eine noch viel weiter reichende Bewährung ihrer Glaubwürdigkeit und ist die Fälschungshypothese, welche sie zumeist aus blosser dichterischer Erfindung eines unter der Maske des Dino auftretenden späteren Autors erklärte, vollends widerlegt, zugleich aber auch an der einen Parallelstelle, welche den Prozess des Podestà Monfiorito betrifft, das willkürliche Verfahren des Bearbeiters oder Redactors jener originalen Denkwürdigkeiten dargethan.

---

*) S. meine Schrift S. 72—85. Von dieser Art ist auch der von Th. Wüstenfeld (Recension S. 1577) aus dem Schatz seiner Urkundenauszüge beigebrachte Beweis bezüglich der beiläufigen Erwähnung wo Dino sagt, dass er schon einmal wegen Verletzung der Ordnungen der Gerechtigkeit angeklagt worden sei (L. II ed. Barbéra p. 38). Aus einem Actenstück vom Nov. 1295 (im Cod. des Florentiner Archivs Classe XI no. 35) erhellt die Wahrheit der Thatsache wie die Veranlassung der Anklage, weil nämlich Dino zur Zeit seines Gonfalonierats die Bestrafung gewisser Personen wegen Gewaltthätigkeit unterlassen hatte.

Druck von Pöschel & Trepte in Leipzig.